大展好書　好書大展

品嘗好書　冠群可期

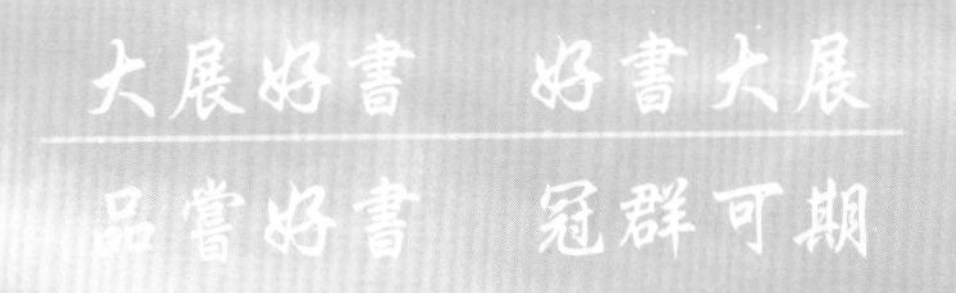
大展好書　好書大展
品嘗好書　冠群可期

老拳譜新編 6

太極拳圖說

太極劍圖說

金鐵盦　金倜生／著

大展出版社有限公司

策劃人語

本叢書重新編排的目的，旨在供各界武術愛好者鑑賞、研習和參考，以達弘揚國術，保存國粹，俾後學者不失眞傳而已。

原書大多為中華民國時期的刊本，作者皆為各武術學派的嫡系傳人。他們遵從前人苦心孤詣遺留之術，恐久而湮沒，故集數十年習武之心得，公之於世。叢書內容豐富，樹義精當，文字淺顯，解釋詳明，並且附有動作圖片，實乃學習者空前之佳本。

原書有一些塗抹之處，並不完全正確，恐為收藏者之筆墨。因為著墨甚深，不易恢復原狀，並且尚有部分參考價值，故暫存其舊。另有個別字，疑為錯誤，因存其眞，未敢遽改。我們只對有些顯著的錯誤之處，做了一些修改的工作；對缺少目錄和編排不當的部分原版本，我們根據內容

進行了加工、調整，使其更具合理性和可讀性。有個別原始版本，由於出版時間較早，保存時間長，存在殘頁和短頁的現象，雖經多方努力，仍沒有辦法補全，所幸者，就全書的整體而言，其收藏、參考、學習價值並沒有受到太大的影響。希望有收藏完整者鼎力補全，以裨益當世和後學，使我中華優秀傳統文化承傳不息。

為了更加方便廣大武術愛好者對古拳譜叢書的研究和閱讀，我們對叢書作了一些改進，並根據現代人的閱讀習慣，嘗試著做了斷句，以便於閱讀。

由於我們水平有限，失誤和疏漏之處在所難免，敬請讀者予以諒解。

太極拳圖說目次

太極拳圖說

一、太極拳之源流

太極拳為武當內派拳法之一種。據此中人之傳說，咸謂創自宋丹士張三丰，惟考張三丰其人，則各家之說不同。汪錫齡《張三丰本傳》，則謂名通字君實，江西龍虎山人，而外傳則謂名君實，一名仲猷，字玄玄，道號昆陽，又稱斗篷，又呼張邋遢，遼東懿州人。至於《明史列傳》，則謂張三丰，遼東懿州人，名全一，一名君實，三丰其道號也。以其不修邊幅，又號張邋遢。以上諸說，自以《明史列傳》為可信。然皆不著年代，且但有修道武當山之事，並未提及太極拳一事，豈創太極拳者並非張三丰而另有其人耶？抑固有其事，而記事者軼之耶？是皆非

後人所可推定矣。惟據武當內派拳家言之，則謂張三丰為武當丹士。宋徽宗召之，道梗不得進，夜夢元帝授以拳法，黎明單西殺賊百餘人。此種拳法，即今世所傳之太極拳也。據此說則太極拳之始傳自張三丰無疑。予謂太極拳為武當派傳法，張三丰為武當山開創之人，其間雖容有附會，下妨隨俗。斤斤於考證，亦甚無謂也。百年以後，三丰之術，流傳於陝西，其中以王宗為最著。而陳同州者，從王宗遊，歷十餘年之久，而盡得其秘。陳為浙之溫州人，藝成回里，即以授諸鄉人。於是此太極拳之法，隨又由陝西而流傳於浙江矣。至明代嘉靖年間，浙省之以太極拳著名者，以張松溪為最。松溪之徒四五人，又以四明葉繼美近泉為之魁。而此術於是又盛行於四明。當時投葉氏門下者，有吳昆山、周雲泉、單思南、陳貞石、孫繼槎等。而茲數人者，又各有傳授。昆山傳李天目、徐岱岳。天目傳余仲波、吳七郎、陳茂宏。雲泉傳盧紹歧。貞石傳董扶輿、官枝溪。繼槎傳柴元明、姚石門、僧耳、僧尾等。單思南

則王征南。及後征南又授徒松江。故太極拳之在明代，盛行於江浙兩省，代有聞人。以後河南徐奉明聞征南之名，不遠千里，投其門下，專心致志以研習之，歷數年而盡得其秘奧，歸而授徒自給。時山右王宗岳，亦得太極拳之精微，而見重於世，至此而太極拳隨有溫臺派河南派之分。而今之以太極拳著名者，亦大有人在，不出於彼，必出於此，派雖不同，而其理則無二致。依此一說，則張三丰之為宋人無疑。予以為創此拳者，不論其是否為張三丰，而其人之智慧，要不可及。蓋必當時鑒於外家拳法，均趨尚猛烈，屏息鼓氣，跳擲騰挪，一趟甫畢，汗流面赤，氣喘如牛。此種拳法，在練習時稍有不慎，即弊竇冗生，或內府諸官受傷，甚或咯血者，此無他，皆因其動作違逆先天自然之機也，於是乃從而改良之，一反其道，使合於自然之旨。故人主猛烈，我主柔和，人主迅疾，我主平順，以養氣而免拼氣之害，舒展筋骨，不尚堅強；參陰陽而分虛實，雖和而並不脆弱，雖慢而並不板滯；寓剛於柔，寓快於

慢；由柔得剛，斯始剛柔咸宜；由慢得快，則快慢如意。如此則無往弗利，無堅弗摧矣。故練習太極拳者，不必斤斤於創始者之為何人，所學之為何派，但能專心致志，而研究其先天自然之理，而悟其陰陽虛實之道，則必能使體魄堅強，而獲益壽延年之效，蓋學拳之本旨即在此，非如彼考古家以考證淵源，尋根究底為能事者所可比也。今太極拳一道，經當局者之特加提倡，而學者隨益見眾多，各地之設社傳習者亦不可指數，行見十年之後，普遍中原，而老大之病夫，皆成為強壯之士，圖強興霸之機，或基於此乎。

二、練習太極拳之預備

練習拳技之人，在入手之前，必有相當之預備。如坐步柔腰等基本法則，皆須達到相當之程度時，始進而練成趟之拳法。此亦猶小兒讀書，以識方字為入手之初步也。外派拳技如此，即太極拳亦未能獨異。

惟預備之法則，不能盡同耳。蓋外派拳技純以力行，而太極拳則純以氣行，力主剛而氣主柔，剛柔既判，則練習之法亦自在異矣。今之學太極拳者多矣，往往以時間之關係，入手即從整趟，而不及於預備。此種練法，雖可以達到成功之境，但其間必多阻障，手足生硬等弊，固所不免；而行氣致柔之道，尤難稱意，比皆準備不足之害也。若入手之前，對於種種緊要之關鍵，而有充分之預備者，進而練習整趟之太極拳，則駕輕就熟，定可收事半功倍之效，不至發生不良之反響矣。其所應當預備之事，亦非一端。在動作之表面，以柔和勻稱為最要條件；在動作之實際，以運氣化力為不二法門，能知此二事，始可與言太極拳。然表面之柔和勻稱，易於練習，實際之運氣化力，難於見功，故往往有練習甚久，姿勢亦頗悅目，而並未得其實益者，即未得運化之道也。故太極十三勢行功心解云：「以心行氣，務令沉著，乃能收斂入骨。以氣運身，務令順道，乃能便利從心。」又云：「行氣如九曲之珠，無往不利。」

又云：「氣若車輪」於此亦可行氣之道矣。凡練習太極拳之人，不能僅以動作柔和勻稱，即謂盡其能事，務必達以心行氣，以氣運身之目的，然後始可得其實益。茲將基本之各種方法，分述於後，以為入手之準備，庶學者可以循軌而進，不致誤入迷途也。

㈠外部動作之預備練習

所謂外部動作，即為有形之姿勢。吾人可以目見者，舉手投足，進退起落是也。夫太極之形本為渾圓，拳之所以名為太極者，實循其理而象其形也。故太極拳之動作，無論身手足步，不動則已，若動則終不脫手圓圈，一趟太極拳，實為無數圓圈所組成，雖有縱橫平各勢，但其為圈則一也。此即內派拳家所謂圈中自有妙理者是矣。拳法既不離乎圈，則學此者對於圈，自當重視而熟習之。故入手之預備，亦即以此為標的，茲分身手足三節述之如次。

（甲）身部之圓轉

身部圓轉之法可分平、縱、橫三種姿勢。平圜之動作，則先並足正立，兩手高舉，扶持頭部，掌心向前；次乃將上身徐徐俯下，兩腿挺直，至全身成┐形為度，至此即向左向移動，至正左方為度，再徐徐移向正右方，成半個平面圜。如此左右更迭移動，以八次為止。縱圜之動作，亦先並足正立，兩手如上法舉起，平直而掌心向前，繼乃徐徐將上身俯下，兩膝亦宜挺直，至掌心向內，指尖靠足尖貼地，而成為∩形為度。按此即俗稱為打躬式者是也。俯至極度之時，更徐徐昂起，而回復正立之式。此無異在縱面成半個大圜也。亦以俯仰各八次為止。橫圜之動作，亦先並足正立，兩手高舉，與以上兩勢完全相同；次將兩腿坐實，上身向左方旋轉，至正左方時，即徐徐向下俯，兩手繞過足尖，徐向右移，緩緩抝起，轉上而回復正立之勢，繼再旋身向右，亦依上述之法，反行一次，在迎面扢成整個橫圜，如此以順逆各行四次為止。以上

各法，行時務須凝神運氣，且行時徐緩為貴。起落務必停勻，否則即為無益。

（乙）手部之圓轉

手部圓轉之法，亦分平、縱、橫三種圜；特此三種圜中，又有長短中之別。其間中手之式樣最多，而短手最少，茲分別述之如次。平圜可分為頭上臂下兩種。全身正立，兩臂上舉，屈肱交錯橫置額上，然後參差向後移去，至後腦之外，即分向左手划開，轉前攏入，仍置前額之上，兩手在頂上挽成平面之圜。此係順勢，若逆勢則先向前移，轉向左右，繞後出前，至原處為止。此係中手，順逆各行四次而畢。至於臂下之平圜，身步亦如上式正立，先將臂舉起平肩，屈轉肘節，使肱疊置大臂之下，掌心向上，指尖對脇，然後徐徐向後移動，划開向左右轉前，各在臂下挽一平面之圜。此為順勢。若逆勢則反行之。亦係中手。練習時順逆各四次而止。依上述之同一方法，臂平而肱直垂，單將手腕前一

部份屈轉，亦掌心向上，指尖對脇，依上述之動作，而挽成平面圜者，是為短手，即俗稱為腕旋轉者是也。練習時亦以順逆各行四次為度。至於縱勢之圜，亦可分長中兩手，惟不及短手，皆在兩肩之外側行之者。先全身正立，兩臂舉平肩，屈轉肘節，使肱前各種直垂，指尖向下，掌心向內，然後徐徐移向後方，各就臂外抝起，出前而落下還原。此係順勢。若逆勢則先向前面抝起，轉後落下，而挽成從圜。此為中手，練習時順逆各行四次為止。至於長手縱圜，其預備之姿勢，亦全身正立，先將兩手高舉，雙臂夾持其頭，指尖向上，掌心相對，然後徐徐向前落下，至兩腿側面時轉後抄起，仍還原處。此係順勢。若逆勢則先向後落下，轉前抄起還原。練習之時，以順逆各行四次為度。橫圜者，即在迎面所挽之法也，亦可分中長兩手，而不及於短手。中手圜之，先全身正立，兩臂屈肱平舉，肩肘掌三部成銳三角形，指尖相向，掌心向內，然後將兩肱徐徐壓下，至垂直之時，乃向左右划開，轉向上方 抝起，落下

而回至原處。此係順行之法。若欲逆行，則依預備之式，先將兩肱向上豎起，然後划向左右，落下由腹抄起還原。此係單用肱之一部，在迎面所挽之橫圜，故為中手。練習時以亦順逆各行四次為止。長手圜之，先亦各法正立，兩臂平舉左右，掌心向下，肘不可屈，然後徐徐將臂壓下，經過兩腿之前面，至少腹之前，參差成為交叉勢，而兩臂各向其反對方向抄起，當至額前時，又成一交叉式，乃分向左右划開落下，而回至起手時之原處。此為順勢。若逆勢則先將兩臂向上抬起，攏入額前而成一交叉，乃在迎面各向其反對方向落下，至腹前再成一交叉，乃分向左右划開各向上抄起而至原處。此乃用臂之全部而行者，故為長手。練習時以順逆各行四次為止。以上各種手法，初時宜就每勢單獨練習，至純熟後則不妨將各勢加以連絡，錯襍（雜）相間，而練習之。循環往復，既可以增加活動之能力，亦可以提高學習之興趣，洵一舉兩得之法也。

（丙）足部之圓轉

足部圓轉之法，亦分平、縱、橫三種圜式。但足為人身支點之所在，勢不能如手臂之雙方同時並行，只能以一足支柱全身，而以一足為過圜之用，且腿部以骨體之關係，其轉動亦不若臂部之靈活，故除中手之圜可以照行外，其餘長短兩手，皆不適用。茲將三種法則，分述各次。足部平圜之先，全身正立，兩手叉腰，將右足坐實，左足提起屈膝，然後將膝以下之各部，徐徐向外移動，漸漸轉後而從右膝之內側抄出，轉前而回至原處，此為順勢。若逆勢則先向內移動，由右膝內側轉後，抄至左方轉前而回原處。如此左右各行四次而止，即將左足落下踏實，乃將右足提起，如法亦順逆各行四次。此種平圜，無論足之為左為右，凡由外轉內者為順勢，由內轉外者為逆勢，行時皆以先順後逆為宜。縱圜之先，亦宜全身正立，兩手叉腰，手之位置則拇指在後，餘四指在前，虎口適當腰隙；亦先將右足用力坐實，腿部宜挺直，不可任其

動搖，繼將左足提起屈膝，使上下腿成曲尺形為度，然後小腿徐徐抬起，使足之位置至前面之斜上方，乃漸漸向前伸出，至膝直時，則向下降，至離地少許處則向後拖，經過右膝之後側而轉向前面，回復原處。此係順勢，若為逆勢，則先向後移，經過右膝後側，漸漸下降，而向前沖出轉上而折回原處。練習之時，亦以順逆各四次為止。左足既畢，即落下踏實。提起右足，依上述之法，亦順逆各行四次而止。此種縱圜，其圈形之大小，亦與平圜相等。兩足宜先左後右，行時宜先順後逆。橫圜之先，亦全身正立，兩手叉腰，與以上二勢之起手時完全相同，惟在坐實右腿之後，而其左腿則並不屈膝上提，但向前出挑起，足部離地約三四寸，膝亦不屈，使左腿全部躺直於前面之斜下方，略如掌法中之寸腿。如此舉定之後，乃徐徐向右方移動，經過右下斜轉上而至正右；再抄起而經右上斜以至正中，乃左移經過左上斜，落下而至正左；再下降經過左下斜而至原處。此為順勢，若逆勢則先左移，經過左下斜、正

左、左上斜、正中，再抄右而經右上斜、正右、右下斜而回原處。如此順逆各行四次而止，乃將左足踏實，右足挑起，依法行之。惟以右足行者，則先左下斜、正左、左上斜、正中、右上斜、正右、右下斜還原者為順勢，反是則為逆勢，亦順逆各行四次而止。此種圜法，較以上兩種之圈形較大，惟終不及以全臂行之者耳。

㈡內部運化之預備練習

外部之動作，為有形之表演；內部之運化，為無形之作用。無形為先天，有形為後天，凡物皆從無形而至有形。太極拳之注重於運化，亦此理也。此種拳法，在表面上觀之，其動作有如柔枝嫩葉，弱不禁風，但其作用，則深合於太極之理，蓋以心行氣，以氣運身，其理固非俗人所易悟也。以心行氣，則氣無不達；以氣運身，則身無不遂，心之所至，即氣之所至，亦即身之所至，所謂如九曲環者是也。行氣之道，其

理玄微，非片言所可盡，亦非於此拳有深切之研究者，不能悟其奧旨。茲將預備之種種方法，分述如次，俾學者得入手之門徑，以後逐步做去，待造詣既深之後，自能逐漸領悟也。

（甲）呼吸之要義

人之氣息，必須調勻，始可心中無滓，而神志靜定，此可於吾人熟睡時驗之。凡安然酣睡之人，其呼吸必甚為停勻，呼氣吸氣之間，其時間長短，毫無參差。蓋此時其內部之精氣神三者，凝固異常也。吾人行氣之初步，即當從呼吸入手，平時則注意於「調勻」二字；靜止之時，固宜使呼氣吸氣之時間，毫無參差；即動作之時，亦宜如此。外派拳術，則以屏氣為事，往往一路未終，已氣喘如牛，面紅額汗，即不注意於調和呼吸之所致也。蓋一呼一吸，本自然之機能，若強抑之，則失去自然，而發現種種不良之現象矣。太極拳之法，以自然為第一要義，又重行氣，故絕不准有強抑之事。此係屬於平時者，至若吾人於睡眠之

前，晨起之後，往往感覺濁氣太甚，則宜至空曠之地，而行吐濁納清之法。此種法則，甚為簡單，即今體操中之呼吸運動耳。行時宜雙手高張，使肺部開展，然後徐徐從鼻中吸氣一口。再落下其手，使肺部收縮，乃徐徐從口中呼氣一口。行時亦須調勻。如此呼吸各十二次，則將內部之濁氣完全吐出，而易清氣。此法朝暮各行一回，非但可以使內部清潔無滓，且可以卻除疾病。法又簡而易行，如能將此法每日多行數回最佳。吾人能使內府無滓，而平時之呼吸又能停勻不亂，則深得自然之旨矣。此中禁忌，亦頗眾多，即喜怒哀樂之事，亦不得縈於心，因此種種，皆足以亂神擾心，心不寧則氣亦渙散矣。故欲達到其目的，必先忘卻種種而始得也。

（乙）運行之程序

運行其氣之法，雖非一端，而入手之初，則跳不出設想二字之範圍，所謂設想者，即以意想達之也。譬如我以指指一物，指端並無氣

出，我乃假想，此一指者，我之氣已由丹田而達於臂，繼乃由臂而腕而指，終且一縷由指端透出，而及於所指之物。此種設想在初時自無所表見，然久而亦能成為事實，此即所謂以心行氣之法也。然其練習亦有一定之法則。其維何，即係靜坐。夜深人定之後，獨坐靜室中，初時但默念目觀鼻，鼻觀口，口觀心，此無非欲其凝神斂氣寧心，使六賊不生，萬慮皆絕也。然在初時，猶每感不能收攝，亦須功行到時，始能寧靜。次即以設而行氣，即於靜坐之時，暗想我之氣本凝聚於丹田，今乃運之下行，而達海底，抄尾閭而起，緣脊上行，經玉枕天靈而等穴而下，過前額人中喉結心窩臍輪處，而仍歸於原處。此種設想，本係憑空，但久而久之，則心神相合，氣亦竟能隨之運行。惟在行功之時，切不可操之過急，須純任自然。能達此目的，則以後心之所至，即氣之所至，無往不利矣。惟此一步功夫，頗費時日，大可與太極拳並行。若必先練成此功後而再練拳法，則太費時間矣。

三、練習太極拳之注意點

吾人對於有形之表演，及無形之作用，既有相當之預備，乃可進學習其拳法。惟此種拳法，與少林派之拳完全不同，蓋動作皆主柔和，勁蓄於內，非若外家拳之專以跳擲剛暴為能事也。茲將練習此拳所應注意之點，分述於下，以資參考焉。

（甲）姿勢

太極拳之姿勢，固極繁多，然就大體言之，則不出十三總勢。此十三勢者，乃按五行八卦之理也。進退顧盼停五勢，暗合五行，掤攦擠按採挒肘靠八勢，暗合八卦。餘各種姿勢，皆由此化生而出，故此十三總勢，實為練習太極拳所必經之途徑，而不容忽視者也。使能逐日練習，不稍間斷，則若干年後，歷練既深，自能探索此中之精奧，而有益於身心。若貪得之心重，反足以為害。蓋先天之理，難言雖悟也。

（乙）動作

練習外家之拳法，見效雖較為迅速，然流弊極多，太極拳則不然，收效縱不如外家拳之速，而絕無弊害，蓋專以活動筋骨為主。故一切動作，以柔和停匀為上，惟慢始能柔，匀始能和也。且各種動作，咸成圓形，一圜之中，虛實變化生焉。其無窮之奧妙，悉在此虛實變化之中。特此妙用，在初學之人，絕不能有所領悟，習之既久，始能逐漸悟其意；而練習此拳之奧趣，亦必因之而逐漸增加也。

（丙）用意

凡練習太極拳之時，以自然為主旨，不尚用氣力，而尚用意。蓋用氣則滯，用力則笨，故以沉氣鬆力為要著。氣沉則呼吸調和，力鬆則發展其先天之力，而排除後天之力。先天之力為固有之力，故在勢為順；後天之力，為勉強之力，在勢為逆。太極拳以逆來順受，以順制逆為不二法，故注重先天而排除後天，行時純任自然，不用過分之氣與力，全

憑意志為進退；惟其能用意，故能使力蓄於內而不外露，氣沉於丹田而不停滯於胸；惟其不用過分之氣與力，故習之既久，積蓄之氣力愈大，乃運用自如，毫無困難與勉強，意之所欲，無不可達之境矣。惟所費之時間較多耳。彼外家之拳法，其力完全流露於外，毫無含蓄，練習之時，表面雖見功效，內部之力，並無加長，此即勉強之故耳。故習太極拳者，必先知運意行拳之理，與夫自然運化之機，始可望其進步之速。否則從尚拙力，勉強而行之，則流入外派之歧途，而無成功之望矣。

（丁）發勁

勁有二端，即剛柔之分也。吾人之動作，固有輕重，而勁亦因之而分大小，勁之大小如何，今且勿論，但有剛柔之分耳。何謂勁，即一往直前，含有抵抗性質，而絕無含蓄者是也。何謂柔勁，即我勁並不直出，但隨敵人之勁而為運化，不加抵抗者是也。太極拳之妙處則全在於以靜制動，以柔克剛。譬如與人交手之時，並不先取攻勢，彼動我靜，

以觀其變，待人既至，而我卻能接受其勁。初不加以抵抗，運其黏柔之勁，而化去敵人頑強之勁，待敵人一擊不中，欲圖再舉之時，然後蹈其瑕隙，順其勢而反守為攻，則敵人力竭之餘，重心移動，則無有不受制者矣。蓋如敵人在前用拳擊我，其勁直出，我若迎格之，則非有過彼之力不可，今乃避過其鋒，順其勢而掖之，不費氣力，彼自必前磕矣。此歌訣所謂牽動四兩撥千斤者是也。且太極拳之動作，為無數圓圜所組織，而此圓圜即重心之所寄，處處立定腳跟，敵人發勁雖強，而可用逆來順受之法，引之入彀，待其強勁既出，重心既失，然後從而制之，避實就虛，自能得心應手矣。

（戊）靈巧

拳術以靈巧為貴，固不僅太極拳然也，即外家拳亦莫不如是。惟外家拳法，專務拙力，欲達靈巧之目的，實非易易，蓋拙力乃從勉強而生，今姑不論。若太極拳者，於自然中而求其靈巧之道，斯乃靈而又

靈，巧而又巧。但太極拳亦非入手而即能靈巧者，亦須熟習而得之。諺云：「熟能生巧。」太極拳即本此意，而於「熟」之一字中以求其靈巧者也。太極拳之優劣，以功夫之深淺為斷。蓋初學之人，以生疏之故，絕不能完全得到自然之妙；功夫漸深，則漸合自然，而於各勢之虛實變化逐漸領悟。此虛實變化，即靈巧之所寄，但能了然於虛實變化，則靈巧自見，一舉一動，無不輕靈圓活，如珠走玉盤，毫無阻滯矣。以視外功之用力用氣，專注一隅，成為死笨之勁者，迴乎不同。故太極拳之靈巧。完全在自然中得來，絕無勉強，且亦非勉強所可致。多一分功夫，即增一分靈巧。靜若處女，脫如狡兔，豈彼外家拳之專以叫囂隳突為能事者所可幾及耶。

(己) 養生

武術之道，尚德不尚力，重守不重攻，故凡功夫愈深之人，其待人接物，皆循規蹈矩，謙恭有禮，此無他，涵養功深也。蓋練習拳技所以

鍛鍊體魄，使之堅強，實養生之道也。若以此爭強鬥勝之具，則失其本旨矣。太極拳實為養生之不二法門，無論男女老幼，皆可練習，夫身體之發達，貴能平均，不能失之偏頗。太極拳之動作，處處以輕軟鬆緩為主，一動則全身皆動，任何部分，莫不偏及，動作柔和輕靈，尤合於調和氣血，陶養性靈之旨，而使身體平均發達。故練此功深之人，皆能獲卻病延年之效，而於爭強鬥勝之心，亦絕不稍動。此非予之妄語，請一觀當代之太極拳家，即可為證也。

四、太極拳各勢之次序

一、太極式　四、攬雀尾二　七、提手上勢一
二、太極起手　五、攬雀尾三　八、提手上勢二
三、攬雀尾一　六、單鞭　九、白鶴亮翅一

十、白鶴亮翅二
十一、摟膝拗步一
十二、摟膝拗步二
十三、手揮琵琶
十四、進步搬攔捶一
十五、進步搬攔捶二
十六、如封似閉
十七、抱虎歸山
十八、摟膝拗步
十九、攬雀尾
二十、斜單鞭
廿一、肘底看捶
廿二、倒輦猴一
廿三、倒輦猴二
廿四、斜飛勢
廿五、提手上勢
廿六、白鶴亮翅
廿七、摟膝拗步
廿八、海底針
廿九、扇通臂
三十、撇身捶
卅一、卸步搬攔捶
卅二、上步攬雀尾
卅三、單鞭
卅四、雲手一
卅五、雲手二
卅六、高探馬
卅七、分腳
卅八、高探馬
卅九、分腳
四十、轉身蹬腳一
四一、轉身蹬腳二
四二、進步栽捶
四三、翻身撇身捶
四四、翻身二起腳一
四五、翻身二起腳二
四六、雙風貫耳一
四七、雙風貫耳二
四八、披身踢腳

四九、轉身蹬腳
五十、上步搬攔捶
五一、如封似閉
五二、抱虎歸山
五三、摟膝拗步
五四、攬雀尾
五五、斜單鞭
五六、野馬分鬃一
五七、野馬分鬃二
五八、野馬分鬃三
五九、野馬分鬃四
六十、玉女穿梭
六一、玉女穿梭二

六二、單鞭
六三、雲手
六四、下勢
六五、金雞獨立
六六、倒輦猴
六七、斜飛勢
六八、提手上勢
六九、白鶴亮翅
七十、摟膝拗步
七一、海底針
七二、扇通臂
七三、進步搬攔捶
七四、上勢攬雀尾

七五、單鞭
七六、雲手
七七、高探馬
七八、迎面掌
七九、十字擺蓮
八十、摟膝指襠捶
八一、上勢攬雀尾
八二、單鞭
八三、下勢
八四、上步七星
八五、退步跨虎
八六、轉腳擺蓮
八七、彎弓射虎

八八、上步高探馬　　九十、翻身撇身捶　　九二、上步攬雀尾
八九、迎面掌　　九一、上步高探馬　　九三、合太極

五、太極拳各勢之詮釋

太極拳之預備等事項，已如上述，依此循序而進，即可從事於拳法之練習矣。太極拳之姿勢，自預備之太極式起，至合太極而收拳，其中共九十三勢，而複勢亦甚多，如攬雀尾、高探馬、單鞭、野馬分鬃、玉女穿梭等勢，或一勢兩用，或一勢數用，故依定勢而言，則僅二十餘式耳。茲特依其次序，將各勢之動作，詳加說明，並附入各定勢之清圖，俾學者可以按圖索驥也。

第一勢　太極式

面南正立，兩足分開，中間相距約一足之長度。兩手直垂，手作下按之狀，指尖向前，掌心向下。此為靜定未動之勢，渾然太極之象，宜寧靜神志，沉氣丹田，全身各部皆不用力。停勻肢體，毋使有欹側動搖之象，閉口瞬目，以待動作。式如第一圖。

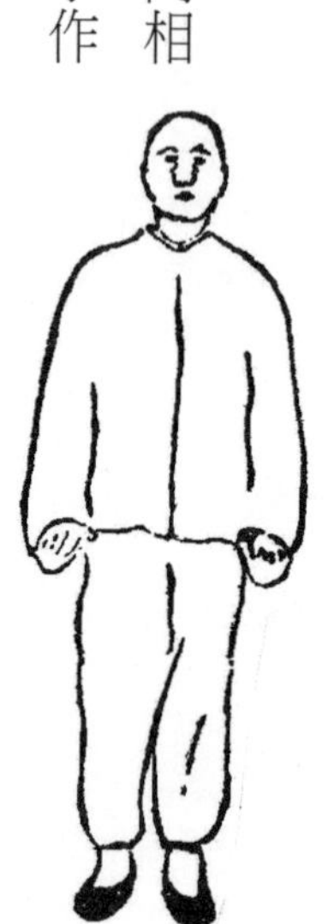

第一圖

第二勢　太極起手

兩手並不用力，同時由前面向上提起，以與胸平為度，兩臂彎屈，不可太直，手心向下，臂環置胸前如抱物之狀，而左足則向前斜進一步，右足踏實，左足則以足跟著地，而翹其足尖，身坐右腿。同時，即

將外架之左手，徐徐翻轉，使掌心向內，而右手則翻轉使掌心向外。上身正直，腰略下沉，兩足則左虛右實，雙手之指皆分開，惟不可勉強。式如第二圖。

第三勢　攬雀尾一

依上式，兩手翻轉之後，即宜將前面之左足，放平地面，變虛為實。而左臂略略下沉，上身即前移坐於左腿，右手即從左臂之內，向下轉後分去，而斜垂於右腰之外側，至此左手向右脇外壓下，而右

第二圖

第三圖

亦前下斜移動，兩手在迎面挽成不一路之橫圜。同時，左腿坐牢，上身即徐徐向右旋轉。至正右方時，兩手恰在當面移至右肩前，肘皆微屈，右手掌心向左，而左掌則斜向下，位於右肱之側。兩足左實右虛。式如第三圖。

第四勢　攬雀尾二

依上式，身步變換之後，即將左手徐徐向前面推出，至小臂將直之際，即向外划開，轉至左脇側面而前出，有如在平面桌上摩動平圜之勢。同時右手亦向外側徐徐分出，至右肩前斜，下壓抄左，由迎面泛上，不啻在斜面挽成一縱圜。

第四圖

在兩手方動之際，上身亦隨之向前移去，兩足變成左虛右實，待兩手圜勢至收末時，仍徐徐後移。而此時左手在右肱之斜上，掌心向下，右手則翻掌向上。兩足仍為右虛左實。式如第四圖。

第五勢　攬雀尾三

依上式，兩手已至定勢，而腰腿同時鬆回之後，坐身左腿。兩臂取垂肩墜肘之勢，略與胸齊。同時，兩手再抄右落下，繞左轉上，在右斜挽一不同之縱環，至當面之時，再緩緩向外推出。上身亦隨之前移，坐身右腿。兩臂不可推至過直，指尖向上，掌心向前，以面向斜方之故。兩手之位置，略有參差，右前左後，兩足則左虛右實。式如第五圖。

第五圖

第六勢　單　鞭

依上式之勢，先將兩手與腰腿同時向後鬆回，仍變為右虛左實，乃將右足稍為摩轉，使趾向後，乃將身移坐右腿，左足同時邁進，使趾偏後。而右手屈回，挽一小圜，往側面鬆直，五指旋即屈轉，變為弔手；左手屈回，由左而右畫一大圜。待挽出時，兩足即行轉向左前斜方而作單鞭之式，頭左旋，目視左手。手直豎，掌心向左前斜，沉腰正身。式如第六圖。

第六圖

第七勢　提手上勢一

依上式單鞭之後，兩足即摩轉而使趾尖向右前斜方。兩手同時向當胸合攏，略與太極起手勢相似，兩臂微屈，掌心相對，手之位置，則右前而左後，在指尖移轉之際，上身亦隨徐徐旋向右前斜，兩手略上抬。而上身乃向前移，坐於右腿之上，兩足則成為左虛右實之式，而上身略向前俯。式如第七圖。

第七圖

第八勢　提手上勢二

依上式定勢之後，先將腰腿鬆回，而前面之右足即旋向前方，上身亦隨之旋轉，繼乃移身仍坐於右腿，而左足亦即轉向前方。兩手則隨腰

進退，至人向正前方時，右腿即緩緩挺直，而左足亦隨之收起，略作太極預備之式。同時，在前之右手，即由正面屈肱上提，以至額前為度；而左手即向左腰下分去，至臂垂直為度，兩掌皆向下。式如第八圖。

第九勢　白鶴亮翅一

依上式，右手一提，左手一分之後，即將右手在額緩緩摩成一小圜，而下垂之左手，即向右移動，抄過少腹，在右腰處引起轉上，至

第八圖

第九圖

胸前再向左分去，在當面挽成一中手圜，由胸前分出時，宛如鳥之刷翅狀。同時，上身亦隨之旋向左前斜方，足步並不變換。以左臂微直為度，兩手則掌心皆向下面，位置則右高左低。式如第九圖。

第十勢　白鶴亮翅二

依上式，向左前斜方之後，兩手即同時向斜方摩動，使各成一小圜，此圜宜取順勢。在兩手動作之際，上身即隨之而緩緩移動，旋回前方，待面向正前時，右手即壓下，屈肱張於側面，而左手亦同時上引，亦屈肱側張，兩手夾持頭部，作同等之度數，掌心皆向前，身正立。式如第十圖。

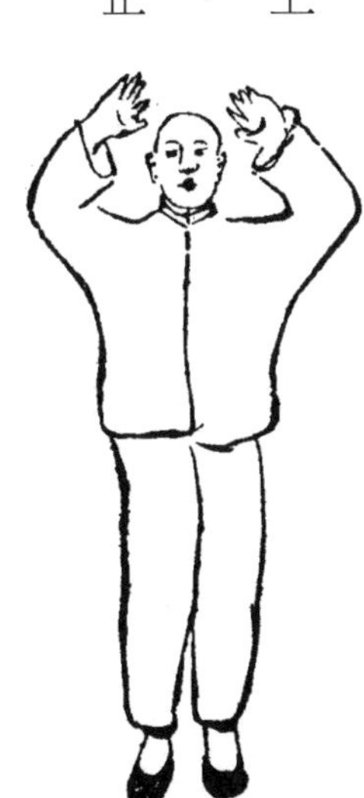

第十圖

第十一勢 摟膝拗步一

依上式，旋身至正前方時，兩手即摩轉在原地位之四周，緩轉成小圓。同時，上身旋向右面，並向前移，坐身於右腿，而虛其左腿，繼將左足徐徐上前一步。同時，左手即挽圜按下直垂，而右手即在本肩外挽一大圜而向前推出。在兩手動作之時，上身亦前移而坐於左腿，而虛其右腿。式如第十一圖。

第十一圖

第十二勢 摟膝拗步二

依上式，左手摟過膝外，右手推出之後，兩手就原處摩動。同時將身勢略後而將居於後方之右足，再徐徐向前進一步，身亦隨之前移。此

時推出之右手，即抄左轉下，向右膝前摟過，垂於右側，掌心復向下；而原垂於左側之左手，乃往後圓轉抄起，至左耳根後，徐徐向前按出。身亦隨之前移，而坐於右腿，兩足成為左虛右實之勢。式如第十二圖。

第十三勢　手揮琵琶

依上式，左手摟過膝外，右手推出，身步已定之際，兩手就原處微微摩轉，腰腿鬆回，上身乃徐徐旋回前面，再左旋而至左前斜方，

第十二圖

第十三圖

後坐於右腿，左足跟點地而趾上翹。同時，左手即落下轉後，抄上出左肩上而成大圜；而右手則自在腰脇前挽一逆勢小圜，至外側向上托起。此時即將左足收起而成並足正立之勢，兩手掌則斜角相對。式如第十三圖。

第十四勢　進步搬攔捶一

依上式，面向左前斜，收足正之。兩手在張之後，即將右手下壓，至少腹乃向外移，更轉上而成一斜方之小圜，至右脇前握拳攏入以護脇；同時，左手則向右方攏入，至右脇前轉下，抄過少腹，再轉右泛起，至斜平方乃向右推過，

第十四圖

蓋橫攔也。以當面為度，在兩手動作之時，即將右足坐實，而左足即前進一步，用足跟點地，足趾上翹，身後坐成左虛右實勢。式如第十四圖。

第十五勢　進步搬攔捶二

依上式，左手搬攔至迎面，而左足前出成虛式之後，先將左足徐徐放下，踏實地上，上身亦緩緩向前移動，終至坐於左腿為度。在變步進身之際，右拳即從脇間向正面打出，以臂微直為度。此時兩手之方位皆前出，左手靠在右脈腕處，指尖向上。而兩足則成右虛左實。式如第十五圖。

第十五圖

第十六勢　如封似閉

依上式，身步變動，右拳往前一捶之後，左手旋即移至右肘之下，掌心翻起向上，上身鬆回後坐，兩手即隨之抽回，左手心貼住右臂，向上漸漸移動，右手亦同時向上泛起，兩手漸移漸分，至迎面為度，中間距離亦甚邇，掌心向內。至此右腿完全變實，而左足則以足跟點地，而翹起趾尖，成為虛勢。式如第十六圖。

第十六圖

第十七勢　抱虎歸山

依上式，移身後坐，兩手屈肱豎於當前之後，宜即將雙手同時緩緩向左移動，至肩外壓下轉右過少胸前，由右脇而抄起，在當面挽成一不

同路之橫圜，兩掌亦隨時變其方向，至抄起時已向前面，乃同時向前按出。同時，左足亦漸漸落平，變虛為實，身亦前移坐左腿，仍成右虛左實勢。式如第十七圖。

第十八勢　摟膝拗步

依上式，兩手推出之後，即將腰腿鬆回後坐。兩臂亦同時略略抽回，兩手同時摩動，在正面成小橫圜。而上身向右旋轉，以面向正右方為度，足尖之方向亦隨之變換，旋定之後，即將左足向前進一步，

第十七圖

第十八圖

上身即隨之前移，坐於左腿。而此時即將左手由胸前壓下，由左膝前摟過，垂於左側，掌心向下；而右手同時在右腰落下，轉後抄起，至右耳根處而向前推出，以臂微直為度。兩足則成右虛左實。式如第十八圖。

第十九勢　攬雀尾

依上式，右手推出，身步既定之後，即將右臂徐徐屈回。同時，垂於側面之左手，即向後斜移出少許，屈肱轉起，由肩前移至右脇之前；而右手則向左落下，轉右泛起，至右肩前斜時，即向左攔過，至迎面為度，兩掌遙遙斜對。在兩手動作之際，即將右足向前進一步，足跟點地，趾尖略翹而成虛式，此時上身坐實於左腿。兩肘皆微屈。式如

第十九圖

第十九圖。

第二十勢　斜單鞭

依上式，右手一攔之後，兩手徐徐摩轉，各就原處而成小圓。上身即向左旋轉，而右足放平踏實，以面向左前斜為度，至此身坐右腿，而將左腿後移尺許踏實。此時兩手正屈至胸前，乃將右臂徐徐向側面鬆出，即折腕向下成弔手之式；同時，左手亦由平肩斜出而成單鞭，全身向左前斜，式如第二十圖。

第二十圖

第二十一勢　肘底看捶

依上式，左手成單鞭之後，即旋身向正左方，趾尖亦隨之變更方向，全身坐實右腿。同時，兩臂鬆屈。而左足則攏至右足前略斜之處，用足跟點地而翹其趾尖，成為虛式。同時左手即握拳豎肱，攏至當面，而右手亦握拳收回而置於左肘之下，掌心參差相對。足成左虛右實。式如第二十一圖。

第二十一圖

第二十二勢　倒輦猴一

依上式，右拳藏至左肘之下以後，即將兩拳鬆開，各就原處摩動成小圜，而全身即徐徐向右旋轉。至右前斜時，上身即後移，而坐實左

腿，右足即用足跟點地而翹其趾尖，變為虛式。同時，左手即落下轉後泛起，在肩外挽一縱圜垂於側面，掌心向下；而右手亦從原處落下，轉後泛起，至耳根處前出。式如第二十二圖。

第二十三勢　倒輦猴二

依上式，右手至右耳根處前出時，即將前面虛點之右足，向後拖退一步，放平地面。而右手則向前推出，掌心向前，指尖向上，指尖高度齊眉。兩足右虛左實。式如第

第二十二圖

第二十三圖

二十三圖，如此一推之後，再移身向後而坐於右腿，虛其前面之左足。右手在側面挽一順勢縱圜而直垂，左手即轉後泛起，至耳根處向前推出。而左足同時後退一步，其勢之手足，適與第二十三圖相反。於是再移身坐於左腿，左手挽縱圜直垂，右手更如法後起至耳根處推出。右足同時退後一步，仍作第二十三圖之式。按：此勢退步無定側，最多有退至七步者，普通以三步為止；亦有退五步者。

第二十四勢　斜飛勢

依上式，右手一推之後，即屈肱摩向下，在前面畫成半橫圜；而左手亦同時在側面泛起轉右，而成半橫圜。此時

第二十四圖

兩手如抱圓球，左上右下，掌心相對。在兩手動作之際，身即後移而坐於右腿，左足即向左側移去，與右足相平，身即左坐。而左手則挽長圜左分，右手即挽長圜右分，身沉極下，而成斜飛之勢。式如第二十四圖。

第二十五勢　提手上勢

依上式，斜飛勢之後，其身本坐於左腿，乃略略向上升起，徐向右移而坐於右腿。同時，兩手亦隨之收轉摩動，更將上身向右旋轉，至正右方為度。同時，右手由外轉內，而挽一橫圜，屈肱橫架於胸前；而左手亦由外挽一斜圜而收至當胸，置於右手之內，掌心斜對。兩足左虛右實。式如第二十五圖。

第二十五圖

第二十六勢　白鶴亮翅

依上式，兩手勢定之後，先將上身徐徐向左旋轉，至正面為度，仍坐實右足，繼將右腿直立，而左足亦隨之收回，而成為分步正立之式。在左足收回之際右手即向上高張，而左手略略提高，即向左分去，而上身亦隨之左旋，以面向左前斜為度。按：此與第九勢相同，持動作稍異。式如第二十六圖。

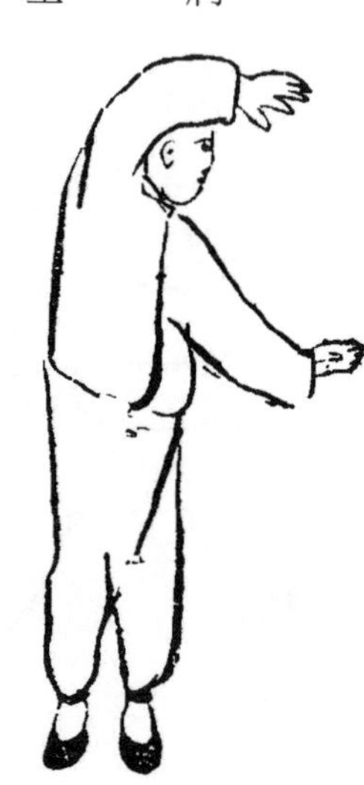

第二十六圖

第二十七勢　摟膝拗步

依上式左手分出之後，先將身右旋，經過正面而轉右，將身後移而坐實左腿，右足即向前進一步，踏實之後，上身即前移而坐於右腿。同時，架在額前之右手即繞左落下，轉右而從右膝前面摟過，垂於右側，

掌心向下；而左手則從左腰處落下，轉後泛起，至左耳根處向前推出，指尖向上，掌心向前，臂微直。兩足則左虛右實。式如第二十七圖。

第二十八勢　海底針

依上式，左手推出之後，兩手即就原處微微摩動，左臂漸引回而上身亦後移至正中時即向左旋，經正面而轉左，此時左手即向內落下抄向外側，至左脇前面而向右攔過，指尖向斜上，掌心向右；同

第二十七圖

第二十八圖

時，下垂之右手，即從下轉後，抄上出前而挽成之縱面長手圜，向斜下方指出，掌心向左。當兩手動作面向正左之際，即將全身坐實於右腿之上，而將前面之左足拖回，提起足跟，用足尖點地，而成為左虛右實之勢，兩膝皆微屈。式如第二十八圖。

第二十九勢　扇通臂

依上式，定海針之勢，先將上身豎起，兩手即隨之上提。右足不動。右手即由原處轉向側面移開，漸漸抄起，至肩上時即屈肘引肱便成三角形而架於肩前，指尖向左上，掌心向前；同時，左手即移上轉出左肩落下，抄過腰脇而至胸前乃緩緩向側面按出，以左臂微直為

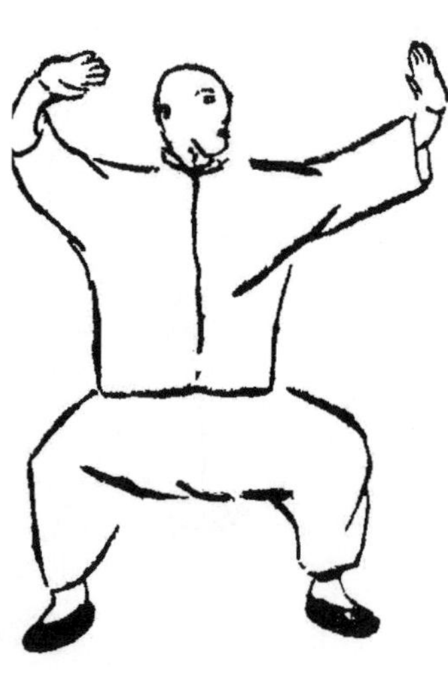

第二十九圖

度。在兩手開始動作之時，左足即向前進一步踏定，身即右旋而至正面，兩膝下屈沉身。此時右手正屈肱內引，左手適向側推出也，頭偏於左。式如第二十九圖。

第三十勢　撇身捶

依上式，左手推出之後，即將左腿坐實，上身即行向左旋轉，至正左為度，乃將右足上前一步，身即前移而坐於右腿。此時右手即握拳向右肩外舒出，至平脇之處即向左捶去，掌心向上，虎口向右；同時，左手即屈肘在側面挽一小圜，繞至右拳之上而向右按出，指尖向上，掌心向右。足則左虛右實。式如第三十圖。

第三十圖

第三十一勢　卸步搬攔捶

依上式，撇身捶之後，即將身後移，坐實於左腿。同時，左手乘勢在原處微微摩動。左足既實之後，即將右足向後面退卸一步，虛點挺直。至此右拳即從右脇處向前打出，臂微屈，虎口向上，掌心向左，而左手則位於右脈腕稍後之處，其方仍與上勢相同，兩足則右虛左實。式如第三十一圖。

第三十一圖

第三十二勢　上步攬雀尾

依上式，右手一拳打出之後，即將腰腿鬆回，兩手亦隨之抽轉。上身即向右旋，經正面而至右前斜方，右足即上一步虛點，而將上身坐實於左腿。在上步定身之際，左手即由上轉外挽一中手橫圜至左脇外側而

向右攏入；同時，右手亦抄上轉外而挽一側面之橫圜，從右腰處左攔，兩手參差，右前左後，掌心則遙遙相對。兩足則右虛左實。式如第三十二圖。

第三十三勢　單　鞭

依上式，右手攔入之後，上身即前移而坐於右腿。兩手微微摩轉一周，即順勢向右肩外一推，隨即旋身回至正面，右手在側面挽一小縱圜，即徐徐鬆出，手即下垂而成雞爪式；而左手即迎面翻至左肩外

第三十二圖

第三十三圖

而成單鞭，指尖向上，掌心向左。身正而頭則偏於左方，目視指尖。式如第三十三圖。

第三十四勢　雲手一

依上式，左手舒出之後，上身即徐徐右移，便坐實於右腿。同時，右手即撒開壓下，在側面挽一小圜，至乳前為度；而左手亦從原處落下，抄右而過腹上。此時上身亦乘勢向右旋過，而兩手即同時向右斜方舒出，以兩臂微直為度，右手掌豎，指尖向上，而左手則掌心向內斜上。足則左虛右實。式如第三十四圖。

第三十四圖

第三十五勢　雲手二

依上式，兩手向右舒出之後，即將上身徐徐左旋，至正面之時，更向左移過，坐於左腿。此時左手即由原處落下，抄過腹轉左，挽成一大橫圜，而緩緩向左舒出；同時右手亦從原處落下，抄過腹前，而向左方圓起。兩手動作之際，上身亦隨之旋向左前斜方，其方向虛實，皆與上勢相反。式如第三十五圖。

第三十五圖

第三十六勢　高探馬

依上式，左手舒出之後，即將徐徐引回，至正面為度。先坐實左腿，左足即緩緩收回，而全身亦漸漸上探起，以直立為度，左足用趾尖

點地，足跟虛懸。在身步變換之際，左手即從原處落下，在斜方挽一半圓，屈肱引入左脇之側，掌心向上，指尖向前；同時，右手亦從原處落下，轉後泛起，由耳際向前捧出，掌心向左下斜。兩足左虛右實。式如第三十六圖。

第三十七勢　分腳

依上式，兩手既定之後，先將虛點之左足落平踏實，坐身其上，而右足即提起，趾尖下垂，至大腿平時，即向前踢起，足背要平，至

第三十六圖

第三十七圖

腿平於前，即緩緩向左分去，至右前斜為度。在左足變虛為實，右足踢起之時，兩手即同時向左右分開，張如兩翼，掌心向前。式如第三十七圖。

第三十八勢　高探馬

依上式，右足分出之後，即行落下，收至左足前側點定，亦用趾尖點地，而將足跟虛懸。右手即從原處落下，在側面挽一小圜，屈肱引回，置於右脇之側，掌心向上；而左手亦同時屈肱下壓，轉後泛起，挽一中圜，在耳際捧出，兩手仍如捧持圓球之狀，左上右下，掌心相對。足則右虛左實。式如第三十八圖。

第三十八圖

第三十九勢　分　腳

依上式，兩手攏定之後，先將虛點之右足放平踏實，坐身其上，而將左足上提，趾尖向下，上腿平時，即行向前踢起，足背要平，待腿部平直，即向左分去，至左前斜為度。在兩足變動之時，上面之兩手，亦即乘勢向外分開，大張於左右，掌心向前。按：上一勢與本勢，恰與第卌六、卌七兩勢，動作相同，而其方向及手足之位置，則完全相反。式如第三十九圖。

第三十九圖

第四十勢　轉身蹬腳一

依上式，左足一分之後，即乘勢落下，向後收回，而全身即隨之旋轉，至面向正左方為度，左足位於右足之內側，仍用足趾點地，懸其足跟而成虛式。同時，兩手即行握拳，各就原處落下，抄過少腹之前，而成交叉式，向上抄起，屈肱作斜十字形橫架當面，右前左後。式如第四十圖。

第四十圖

第四十一勢　轉身蹬腳二

依上式之定勢，先將虛點之左足摩轉，使足跟向正後，然後即移身向後，而坐於左足，蓋此時左足已變虛為實矣。繼再旋身回至正面，而右足則趾尖點地成虛式，乃即提起，而向右前斜蹬出。在右足蹬出之

際，兩手鬆拳，同時向左右分開，平張與分腳勢相同。式如第四十一圖。

第四十二勢　進步栽捶

依上式，右足一蹬之後，即將蹬出之足，就原處落下收回左足之內側點定，趾尖點地，足跟懸起，而成虛式，而上身隨即左旋，乃將右足落實，左足向前進一步，身即前移而坐於左腿。在轉身變步之際，左手即由內落下，轉外泛起，而挽一中圜，至肩前時即向右推

第四十二圖　　第四十一圖

過，掌心向右；同時，右手即行握拳，亦在斜方挽一圜，屈肱收入脇際，待上身前坐之時，右拳即向斜下方打出。兩足右虛左實。式如第四十二圖。

第四十三勢　翻身撇身捶

依上式，右手一栽捶之後，即將上身拎直，兩手亦隨之收回。坐實左腿，右足向前踏上一步；同時上身已旋至左後斜方，右足踏定之際，上身即徐徐前移。此時左手即壓下轉外泛起，而右拳則向上升起，轉出肩外，至脇側屈肱內引而置於脇前，虎口向外，掌心向上，至此身已完全移坐於右腿，左手即在左肩外向右推過，上身亦隨之移向正左方。式如四十三圖。

第四十三圖

第四十四勢　翻身二起腳一

依上式，左手推至迎面，身旋至正左之，即鬆腰向後，而坐於左腿。兩手隨腰鬆回，各握拳同時向兩外則分開轉下，在少腹前相交，參差向上，屈肱提起，至胸部上前，交叉成斜十字形。而全身即向右轉，兩足亦隨之摩旋，至左前斜方為度，上身略沉，兩足右虛左實。式如第四十四圖。

第四十四圖

第四十五勢　翻身二起腳二

依上式，旋至左前斜方時，兩腿相交亦成斜十字形，乃將身略向左移，而將前面之右腿坐實，右足即成虛式，身旋回正面，而將左足向左

斜方踢起，腿部平直，趾尖向上。在左足踢起之時，兩手即撒拳為掌，向左右分開，至平肩而止，指尖向兩側，掌心向前。式如第四十五圖。

第四十六勢　雙風貫耳一

依上式，一踢之後，左足即在原處落下，而作虛式，仍用趾尖點地，而懸其足跟，不必收回，僅向左後斜方面移過少許，漸漸放平踏實。在左足移轉方向之時，兩手即同時落下，轉後泛起，抄出兩肩之

第四十六圖

第四十五圖

前，即向左後斜下按。而身亦旋向左後斜，緩緩前移而坐於左腿。掌心向下，指尖向前。兩足右虛左實。式如第四十六圖。

第四十七勢　雙風貫耳二

依上式，兩手按下之後，即將腰鬆回，上身後移而坐於右腿，左足成虛式，由左後斜移向正後方，放於右足跟後一步處，而全身即旋回正面，而兩足亦隨之摩轉至同一方向。在身步變換之時，兩手即同時握拳，各提至腰前轉後，繞出兩側，向上斜起，在腰間挽一斜平圓，高及耳根之時，即屈肱將兩拳向正中攏入，掌心向前，虎口向斜下。式如第四十七圖。

第四十七圖

第四十八勢　披身踢腳

依上式，兩手圈擊至正中之後，即將右足坐實，而左足即由後面向左前斜方踢起。同時，兩拳即分開變掌，向左右分去，如張兩翼，掌心向前，而左足隨即落下變實，右足即向左足前絞過一步。而兩手亦握拳落下，至腹前相交，屈肱提起，置於迎面，成斜十字形。式如第四十八圖。

第四十八圖

第四十九勢　轉身蹬腳

依上式之定勢，左足先移左後斜少許，身亦隨之後引，坐於左腳，而將右足虛點，趾尖著地，足跟懸起，同時即向右轉身而回至正面，右

腳即提起向前蹬出。而兩手即同時放開其拳變掌，向兩旁分去，以平肩為度，指尖向側。掌心向前，右足則豎蹺使趾尖向上。式如第四十九圖。

第五十勢　上步搬攔捶

依上式，右足一蹬之後，即行就原處落下，收至左足內側點定，此時足趾點地，足跟虛懸，而全身即乘勢左旋，至正左方時，上身即後移，坐於右腿，左足變虛，向前踏上一步。在進步之際，左手即在

第五十圖　　第四十九圖

左斜方，由內轉外而挽一橫圜，至左肩時，即向右推去，掌心向右；而右手即握拳亦在斜方挽一圜，屈肘收置脇前。左足進步之時，身亦前移，而右拳亦即向前打出。此時之兩足又變成右虛左實矣。式如第五十圖。

第五十一勢　如封似閉

依上式，身步變換，右拳往前一捶之後，左手旋即移至右肘之下，掌心翻起向上，上身鬆回後坐，兩手即隨之抽回，左手心貼住右臂，向上漸漸移動，右手亦同時向上泛起，兩手漸移漸分，至迎面為度，中間距離甚邇，指尖向上，掌心向向。至此則右腿完全變實，而左足則足跟支地，趾尖上翹，成為虛式，身向正左，目注於前。式如第五十一圖。

第五十一圖

第五十二勢　抱虎歸山

依上式，移身後坐，兩手屈肱豎於當前之後，即宜將雙手同時緩緩向左摩動，至肩外壓下，轉右過少腹，由右脇前而抄起，在當面挽成一不同路之橫圜，兩掌亦隨時變其方向，至抄起時已向前面，乃同時向前按出。在此動作之際，虛攴之左足，向前邁進半步，漸漸放平，上身亦前移而坐於左腿，兩足則變成右虛左實矣。式如第五十二圖。

第五十二圖

第五十三勢　摟膝拗步

依上式，兩手推出之後，即將腰腿鬆回後坐，兩手亦隨之略略抽

回，同時摩動，在正面作小橫圜，而上身即向右旋轉，以面向正右方為度，兩足亦隨摩轉，使足尖之方向與身同，繼即將左足上前一步，上身亦移向前面而坐於左腿。此時即將左手由胸前壓下，向左膝前摟過，垂於左側，掌心向下；而右手同時在右腰落下，轉後抄起，至右耳根處而向前推出，以臂微直為度。兩足則右虛左實。式如第五十三圖。

第五十三圖

第五十四勢　攬雀尾

依上式，右手推出之後，即將右臂徐徐屈回；同時，垂於側面之左手，即向後斜方移出少許，屈肱轉起，由肩前移至右脇前面；而右手則向左落下，轉右泛起，至右肩前斜之時，即向左攔進，以迎面為度兩掌

遙遙相對。至兩手動作之際，即將右足向前踏進一步，略將趾尖翹起，而用足跟支地，而成虛式，此時上身坐於左腿。兩肘皆微屈。式如第五十四圖。

第五十五勢　斜單鞭

依上式，右手一攬之後，兩手即徐徐摩轉，各就原處而成小圜。上身即乘勢向左旋轉，而將左足放平踏實。以面向左前斜為度，至此身坐右腿，將左足後移尺許，即放平踏實。此時兩手正屈至當，乃將

第五十四圖

第五十五圖

右臂徐徐向側面鬆出，至於平直，即折腕向下，成為雞爪式；同時，左手亦由平肩處斜出而成單鞭，掌豎起，全身則向左前斜方。式如第五十五圖。

第五十六勢　野馬分鬃一

依上式，單鞭之後，先將身前移，使坐於右腿，而左足即成虛式，將趾尖稍向右方摩，使之向前，而上身趁前移之勢，亦徐徐向上探起。同時，右手即撒開雞爪，兩臂同時下壓，至腹前略向上提；於是左手即向右大臂處斜起而置於右肩之外，豎掌而掌心向右，而右手則向左脇處斜下而置左腰之前，掌心向上。兩足右虛左實，頭偏左肩，目下注。式如第五十六圖。

第五十六圖

第五十七勢　野馬分鬃二

依上式，兩臂交錯之後，兩足不動，僅將腰部鬆回，使移坐於右腿，左足成為虛式。在上身右移之時，兩手即向上斜下方同時分去，面下之右手則向右斜上方分起，至右肩前斜為度，臂直而掌心向上；在上之左手，則向左下斜分去，而至左腰之外側為度，掌心向下。而上身則仍向左前斜方，頭偏正左，兩目向下斜。式如第五十七圖。

第五十七圖

第五十八勢　野馬分鬃三

依上式，兩手分開之後，仍將右腿坐實，而將左足就原地向前進一

步，而位於右足之內斜，而上身乃乘進步之勢，向右旋轉，至右前斜方為度。在轉身之時，先將左手上提至平肩，翻掌向上，右手下壓至腰側，掌心向外，於是雙手同時攏入，右手由下斜起，而至左大臂外，而左手則由上斜下，至於左腰之外。頭偏右，目後視。按：此勢與第五十六勢適相反背，蓋彼左此右也。式如第五十八圖。

第五十九勢　野馬分鬃四

依上式，兩臂交錯之後，兩足

第五十八圖

第五十九圖

之位置，並不變動，僅時腰部鬆回，將上身移向左前而坐於左腿，右足成虛式。在上身左移之時，兩手即向上下斜同時分去，左手由下向左斜上方分起，至左肩前斜為度，掌心向上；而右手則由上向右下斜分去，而至於右腰之外側，掌心向下。上身向右前斜，而頭偏於右，目注斜下，兩足右虛左實。按：此一勢，與五十七勢之方向位置，適得其反，亦彼左此右也。式如第五十九圖。

第六十勢　玉女穿梭一

依上式，兩手分出，身步變換之後，兩足之位置仍不變動，先將前面之左腿坐實，而右足即向右前斜邁開少許。在進步之際，左手即由外側落下，屈肱而引置腹前，然

第六十圖

後徐徐向左斜上方泛起，掌亦逐漸翻向外面，以斜架於左肩前斜為度；同時，右手亦在側面挽一小圜，屈肱引手至右脇前，徐徐向左方按出。上身亦乘勢旋轉，至右前斜方為度。式如第六十圖。

第六十一勢　玉女穿梭二

依上式，右手推至左脇外側時，仍將左腿坐實，右足即向右前斜邁進一步；同時，身亦徐徐右移，使坐於右腿。在進步移身之際，右手即向下壓，至右腰前，即屈肱向斜上泛起，掌漸翻轉，使掌心向外，而斜架於右肩之前；同時，左手即舒開向外側，肘直之時，即落下轉內泛起，至左脇前時，即向右方徐徐按去，至右脇外側為度。上身亦隨之移旋，至面向右前斜方，而坐身於右腿為止。此與上一勢恰恰相

第六十一圖

反，式如第六十一圖。

第六十二勢　單鞭

依上式，左手推至右脇外側時，仍將右腿坐實，而將後面之左足向前踏上一步，與右足成平行線，踏定之後，上身即徐徐左移，而左足乃變虛為實。在此身步變換之際，右手即緩緩向側面鬆出，至臂部舒直之時，即折腕向下而成為雞爪式；同時左手即沉下轉向左方而成單鞭，身正而頭偏於左，目視左手。按：此一勢之定式，與第六勢相同，特其間動作，頗有出入，學者務須注意。式如第六十二圖。

第六十二圖

第六十三勢　雲　手

依上式，單鞭之後，兩足之方向不變，而先將上身右移，坐於右腿，左足則成為虛式。在移身之際，右手即撤開雞爪，從原處壓下，轉左泛上，至左肩前面，徐徐向外分去；同時，左手即從原處落下，轉右抄過少腹前面而向右方捧起，而至左肱之內側，掌心向上。同時，上身右旋而至於右前斜方，頭偏於右，目視右手，兩足左虛右實。式如第六十三圖。

第六十三圖

第六十四勢　下　勢

依上式，身步既定之後，腰即徐徐鬆回，上身左旋而回至正面；同

時，坐實右腿，而左足漸漸向外側移開。而兩手即在原處同向上起，抄過前額，右手從迎面壓下，屈肱橫架腹前，掌心向內；而左手則抄過前額，至左肩上面，即向外側落下。同時，右膝前屈，左腿斜直，全身下沉，而左手則壓至近左足處，掌心向前，上身略偏於左前斜方，而頭則偏左，目神下注，兩足則左虛右實。式如第六十四圖。

第六十五勢　金雞獨立

依上式，下勢之後，即先坐實右腿，鬆腰將上身徐徐升起，順勢向左移過，使坐於左腿，而將右足向左收成虛點式。而下壓之左手，即就原處由外向上泛起，至左肩前上，即屈肱向下按去，指尖向右，掌心向

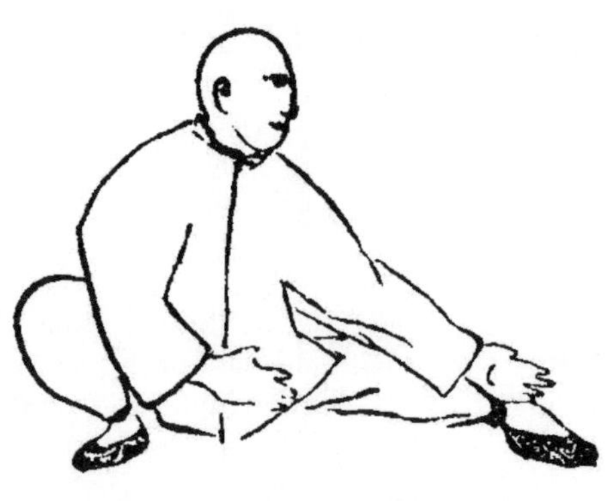

第六十四圖

下；而右手則同時翻肱由當面向上梟起，至手掌蒙頭為度，指尖向左，掌心向前。在兩手動作之際，左腿已漸漸立直，虛點之右足，亦乘勢提起，置於胯前，身直頭正，目視前注。式如第六十五圖。

第六十六勢　倒輦猴

依上式，右足提起成為金雞獨立勢以後，旋即將右足落下，虛點，全身即向右旋，左足跟隨之摩轉，而右足即移向正右方，位於左足前側尺許處，足跟虛懸，用趾尖

第六十五圖

第六十六圖

點地。在身步變換之時，下按之左手，即在平面略一摩轉而移置於左側，而右手則從原處上泛，至右肩外轉下而屈肱向迎面攏入，指尖向左，掌心向內。兩足右虛左實。式如第六十六圖。

第六十七勢　斜飛勢

依上式，右手攏入之後，即將虛點之右足，向前踏進一步，身亦隨之前坐，而即將後面之左足，摩轉向正面，繼即向左旋身而回正面，身隨移左而仍坐於左腿，向下沉腰。同時，迎面之右手，即向右下斜分去，至右腰外側為度；而下按之左手，則向左上斜分起，以至左肩外側為度，右手掌心向下，左

第六十七圖

手掌心向前，身向正面。式如第六十七圖。

第六十八勢　提手上勢

依上式，斜飛勢之後，其身本坐於左腿，乃略略向上升起，徐徐向右移而坐於右腿。同時，兩手亦隨之收轉摩動，更將上身向右旋轉，至正右方為度。同時，右手由外轉內，而挽成一横圜，屈肱横架於胸前；而左手亦由外而挽一斜圜，而收至當胸，置於右手之內側，掌心斜對。兩足左虛右實。式如第六十八圖。

第六十八圖

第六十九勢　白鶴亮翅

依上式，兩手勢定之後，先將上身徐徐向左旋轉，至正面為度，仍坐實右腿，漸漸將腿直立，而左足亦乘勢隨之收轉，成為分步正立之勢。在左足收回之際，右手即向上高張，而左手略略提高，即向左分去。上身亦隨之左旋，以面向左前斜方為度，頭偏左，目神下注。式如第六十九圖。

第六十九圖

第七十勢　摟膝拗步

依上式，左手分出之後，先將上身右旋，經過正面而轉右，再將身後移而坐實左腿，右足即向前進一步，踏實之後，上身即前移而坐於右

腿。同時，架在額前之右手，即繞左落下，轉右而從右膝為前摟過，垂於右側，指尖向前，掌心向下；而左手則從左腰處落下，轉至後方再行泛起，至左耳根處向前推出，指尖向上，掌心向前。兩足左虛右實。式如第七十圖。

第七十一勢　海底針

依上式，左手推出之後，兩手即就原處微微摩動，左臂漸漸引回，而上身亦後移，至正中時即向左旋，經過正面而轉左，此時左手

第七十圖

第七十一圖

即由內落下，抄向外側，至左脇前面，而向右攔過，指尖斜向上，掌心向右；同時，下垂之右手，即由下轉後，抄上出前，而挽成一縱面長手圜，向斜下方指出，掌心向左。在兩手動作之際，即將全身坐實於右腿之上，而將前面之左足拖回，提起足跟，用足尖點地，而成為左虛右實之勢。式如第七十一圖。

第七十二勢 扇通臂

依上式，定海針之勢，先將上身探起，兩手隨之上提，右足不動。右手即由原處轉向側面移開，漸漸抄起，至肩上時即屈肱使成之角形而架於肩前，指尖向左上，掌心向前；同時，左手即移上轉出左

第七十二圖

肩落下，抄過腰脇而至胸前，乃緩緩向側面按出，以臂直為度。在兩手開始動作之時，左足即向前進一步踏定，身即右旋而至正面，兩膝下屈沉身。此時右手正屈肱內引，而左手適向側按出也。式如第七十二圖。

第七十三勢　進步搬攔捶

依上式，左手舒直之後，上身即向左旋轉，以面向正左方為度。更將上身前移，而坐於左腿，右足即收前，踏定之後，即將身後坐於右腿，而左足進前一步。在身步變換之時，橫架之右手，即握拳向肩外舒出，轉前而向脇前收入；左手即從原處落下，由內轉外，在斜前

第七十三圖

挽一小圜，至左肩外側時，即向右按出。同時，上身即前移而坐於左腿，脇邊之右拳，即向前面打出，身向正左，目前注。式如第七十三圖。

第七十四勢　上步攬雀尾

依上式，右拳打出之後，即將腰腿鬆回，兩手亦隨之抽回，上身即向右旋，經正面而至右前斜方。右足即上步虛點，而將上身坐實於左腿。在上步定身之際，左手即由上轉外挽一中手橫圜，至左脇外側而向右攏入；同時，右手亦抄上轉外而挽一側面之橫圜，從右腰處向

第七十四圖

左攬去，兩手參差，右前左後，掌心遙對。足則右虛左實。式如第七十四圖。

第七十五勢　單　鞭

依上式，兩手攬定之後，上身即向前移而坐於右腿，兩手微微摩動一周時即順勢向右肩外一推，旋即轉身回至正面，右手在側面挽一小縱圜，徐徐鬆出，拆腕向下而作雞爪式；左手即迎面翻起，至左肩外而成單鞭，指尖向上，掌心向左，身正，頭偏左方。式如第七十五圖。

第七十五圖

第七十六勢　雲　手

依上式，左手舒出之後，上身即徐徐右移，使坐於右腿。同時，右手即撒開雞爪壓下，在側面挽一小圓，至乳前為度；而左手亦從原處落下，抄右而過腹上，此時身亦乘勢向右旋過，而兩手即同時向右斜方舒出，右手掌豎，指尖向上，而左手則掌心向內斜。足則左虛右實。式如第七十六圖。

第七十六圖

第七十七勢　高探馬

依上式，兩手向右斜方舒出之後，即將腰鬆回，上身左移而坐於左腿，同時，兩手參差落下，而向左抎轉，而右足成虛式向左收起，復移

身坐右腿；而左手宕至肩前時，挽一小圜而收置左脇之前，指尖向前，掌心向上；而右手至右腰外側，即轉後泛起，至右耳根處向前捧出，指尖向左上斜，掌心向下。身正，兩足左虛右實。式如第七十七圖。

第七十八勢　迎面掌

依上式，兩手勢定之後，即將上身左旋，仍坐實右腿，左足即向正左方前進一步。在此轉身進步之際，上面之右手即由外向內挽一小

第七十七圖

第七十八圖

橫圜，隨挽隨握拳，至右脇外側，即屈肱引拳而置於左腋之下；同時，左手即在原處由外轉內，在脇間挽一平面圜，至脇前挽出時，即向前去，身向左前斜，左手高與額齊。在掌出之時，上身亦隨之前移，而坐於左腿，兩足右虛左實。掌豎起，指尖向上。式如第七十八圖。

第七十九勢　十字擺蓮

依上式，左手掌出之後，即將身後移，而右足坐實，左足即收回提起，右足摩轉，由左旋身一周。兩手隨身旋轉，隨轉隨合，仍回至左前斜方。左足隨即放平踏實，右足提起，向左擺動。而此時此兩手作抱持狀，左手在上，右手在下，面向左前斜，目神前注。式如第七十九圖。

第七十九圖

第八十勢　摟膝指襠捶

依上式，右足既起之後，乃漸漸向右擺去。兩手亦漸漸分開，身亦旋至右方。右足即落下踏實，坐身其上，而左足即向前進一步，身即漸漸向前移去。此時左手正舒至肩外，壓上轉右，摟過左膝而起，至於迎面，指尖向上，掌心向右；而右手之拳，已經屈肱收至右脇之前，乃向前下斜方打出，臂直為度。此時身已完全坐於左腿，右足完全變虛。式如第八十圖。

第八十圖

第八十一勢　上勢攬雀尾

依上式，右拳一擊之後，即將腰鬆回，上身拎直，坐實左腿，而將

右足向前踏進一步，用趾尖點地，懸起足跟成為虛式。而同時即將左手由原處落下，轉左泛起，至左肩前乃向右斜下按，而右手即右移轉下而由側面左攬，兩手參差，右前左後，掌心遙對。兩足右虛左實。式如第八十一圖。

第八十二勢　單　鞭

依上式，兩手攬定之後，上身即向前移而坐於右腿。兩手微微摩動，以一周為度，至此即將兩手向肩外一推，隨即轉身至正面，右手

第八十一圖

第八十二圖

即在側面挽一小縱圜，徐徐鬆出，至舒直時，即折腕向下而作雞爪式；左手即側出而成單鞭，指尖向上，掌心向左，身正，頭偏左方。式如第八十二圖。

第八十三勢　下　勢

依上式，單鞭勢定之後，先移身向右，而坐於右腿，左足完全變虛，徐徐向側面移出。同時，右手即撒開雞爪，由原處上起，轉左而從迎面屈肱壓下，至對腹為度，指尖向左，掌心向內。在此時右膝前屈，上身而沉。而單鞭之左臂，亦即從原處下壓，而置於左腿之上，指尖向左，掌心向前，上身偏左前斜方，而目神則注

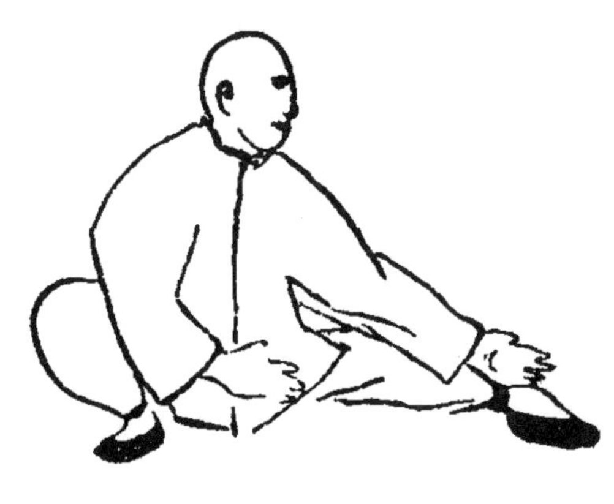

第八十三圖

於左手。式如第八十三圖。

第八十四勢　上步七星

依上式，下勢之後，即將上身徐徐探起；同時，左移而坐於左腿，右足成虛式收回，至左足斜側時，即向前踏上一步，用足趾點地，而懸其足跟。在身步變動之際，兩手隨腰往前，至胸前相交作斜十字形，再將左手握拳而攏至右腋之前；右手握拳，屈肱豎起，略向右分，至右前斜方為度。身略偏右斜，目神注右拳，兩足右虛左實。式如第八十四圖。

第八十四圖

第八十五勢　退步跨虎

依上式，七星之勢，待身步既定之後，仍將左腿坐實，而將虛點於前面之右足退後一步，放平踏實，上身即隨之後移而坐於右腿，此時左足已變實為虛，懸起足跟，以趾尖點地，即向右足之內側收回虛點。在腳步變換之際，兩手即變拳為掌，右手向右斜上舒出，指尖向上，掌心向右；而左手亦同時向左下斜舒出，折腕向下，手成雞爪式。此時上身略偏於左前斜，而兩足則成左虛右實之勢。式如第八十五圖。在兩手分出之際，虎點之左足，即提起向右腿方面攏過，式如第八十六圖。

第八十五圖

第八十六勢　轉腳擺蓮

依上式，左足一起之後，即向原起處落下，仍用趾尖點地，而回復八十五圖之勢。於是將兩足摩動，使全身由右旋轉。同時，兩手即收回至左肩之前。轉至正左方時，虛點之左足，即放平踏實，坐身其上，而右足成虛式提起。至此則兩手自左肩處擺動向右，右手斜直，指尖向上，而左手則在右肩之前，指亦向上。兩手右擺之時，右足即向右擺，上身偏於左斜，右足居正左。式如第八十七圖。

第八十六圖

第八十七勢　彎弓射虎

依上式，手足擺動之後，右足即向右前斜徐徐落下，放平踏實，同時，上身即向前移，而坐於右腿，左足變成虛式，身亦隨之旋向正面。在身步變更之時，兩手即同時由右方落下，抄過腹前，在當作橫圜勢，旋移旋握拳，左拳提至左腰前，即向外舒出，掌心向右，虎口向上，臂直為度；而右拳至少腹前時，即屈肱向上橫架而起，旋起旋翻肱，使虎口向下，掌心向前，架於額前。兩足左虛右實。式如第八十八圖。

第八十七圖

第八十八勢　上步高探馬

依上式，兩手勢定之後，仍將右腿坐實，而將後面之左足，向前收起，身亦隨之上升，而成正立之勢。在此進步探身之時，兩手即同時撒開其拳，而將上面之右手，向外舒去，轉下抄左而起，在右前斜挽一中圜，至正面時即屈肱收回，置於右脇之前，指尖向前，掌心向上；同時，左手即由原處落下，抄過左腰外側，轉後向上泛起，至左耳根處徐徐向前捧出，指尖向右上斜，掌心向下斜方。式如第八十九圖。

第八十八圖

第八十九勢　迎面掌

依上式，高探馬之勢，先將右腿坐實，上身旋向左前斜方，虛點之左足，即向左踏前一步，徐徐變虛為實，而上身亦隨之左移，而坐於左腿。在進步轉身之際，而手之方向，固因之而變換；同時，右手拳在右斜挽一圜，至外側時，即屈肱攏入，而置於左腋之下，同時，左掌亦在斜面挽一小圜，至肩前即向左掌出。兩足右虛左實。式如第九十圖。

第八十九圖

第九十勢　翻身撇身捶

依上式，左手一掌之後，即將左足坐實，而將後面之右足向前踏進一步，先用趾尖點地，虛懸足跟，上身乘進步之勢，旋向正左方。在進步轉身之際，兩手亦鬆回，左手由內轉外在側面挽一橫圜，至左肩外側，即屈肱豎掌，向右推過，至迎面為度，指尖向上，掌心向右；同時，右拳乃由外轉內挽一斜圜，至右肩外側時，即屈肱將拳攏入，掌心向上。在兩手動作之時，上身即前移而坐於右腿。式如第九十一圖。

第九十圖

第九十一勢　上步高探馬

依上式，撇身捶勢定之後，仍將右腿坐實後面之左足，即提起離地前收，隨收而全身隨向右旋過，至正面時，左足即上前，在右足稍前處點定，趾尖著地，足跟懸起。在進步轉身之際，兩手之方向固已隨之變更，同時即將左手就原處由外轉內，挽一橫圜，至肩前即落下，屈肱抽回，而置於左脇之前，指尖向前，掌心向上；同時，右手即將拳放開，亦由原處壓下，轉後泛起，而在右側挽一大縱圜，至右耳根處而向前下捧出，指尖向左上斜，掌心向斜下。式如第九十二圖。

第九十一圖

第九十二勢　上步攬雀尾

依上式，高探馬勢定之後，即將虛點之左足，放平踏實，上身即移坐於左腿，右足變虛，上身即向右旋，兩足亦隨變換方向，以面向右前斜為度，繼將右足上前一步，用足跟支地，而將足趾上翹。在進步轉身之際，捧出之右手，即上起轉外，手亦隨之翻轉，至右側平脇處，即向內攬入，指尖向前，掌心向上；同時，左手亦從原處落下，經左腰外側，轉後抄起，至肩側而向右攬過，指尖向前，掌心向下，兩手之位置參差，右前左後。而兩足則右虛左實。式如第九十三圖。

第九十二圖

第九十三勢　合太極

依上式，攬雀尾之勢，先坐實左腿，而將前面虛點之右足收回，全央即左旋而回至正面。同時，兩手抽至當胸而成斜十字形，向上泛起，分向左右，至肩外即向下按，臂垂直為度，指尖向前，掌心向下，而回復起手之原勢。式如第九十四圖。

按上述各勢，學者須循序而行，每日行之，先自一式起，以後逐漸遞加，務求悉依規矩，不可貪多。在初學之時，各勢自不能不斷，以後當漸求其連貫一氣。習之一二年，則可將後天之力化盡，而先天自然之內勁漸長，則無不稱意矣。

第九十三圖

六、太極拳推手

所謂推手者，即以求其致用之道也。即外家拳術亦有摔角之法，二人對習惟偏重於攻手之形式。此太極拳推手，則得力於掤、攦、擠、按、採、挒、肘、靠八字，而此八字者，所以練其身之圓活，使二人黏連綿隨，周而復始，如渾天之球，斡旋不已。而經佛弧直之度，莫不悉備。將此一身，練為渾圓之體，隨屈隨伸，無不如意；一舉一動，無不輕靈。敵如搏我，則逆來順應，變化無窮。故練習太極拳者，至相當程度時，又須進而練習推手也。惟練習推手，須擇合宜之儔侶，互相研習，始可獲益。至於推手之方法，可分合步推手、順步推手、活步推手三種。雖步法不同，而手法則要不出乎掤、攦、擠、按、採、挒、肘、靠八字之外也。且昔人對於推手一法，曾有歌訣以寄意，而使後之練習太極拳者，知所適從。其歌云：「掤攦擠按須認真，上下相隨人難進；

任他巨力來打我，牽動四兩撥千斤；引進落空合即出，粘連黏隨不丟頂。」又云：「彼不動，己不動；彼微動，己先動；似鬆非鬆，將展未展，勁斷意不斷。」如能參悟此中奧旨，則太極之道，思過半矣。茲將推手各式，分述如次。

（甲）合步推手

甲乙二人對立，皆左足在前，右足在後，適相吻合，故曰合步。甲之左足，與乙之右足，平行相對，至於距離之長短，須視練習者之身度而定，未能限制者也。大概以身體在前後進退之時，能得機得勢，毫不費力為度。步定之後，二人各出右手向上，以手腕背相黏（即在貼之意），此即為掤。繼則甲將右手隨腰往回收，以左手腕黏於乙右臂之近肘處，同時即隨勢往回攦轉，此即為攦（即俗語擄字之意也）。乙被甲攦之後，則身傾向左方，似不得力，而其右手，即隨甲所攦之方向送去，以左掌放於右肘彎處，而向前擠出，此即為擠。甲被乙擠，似不得

力，即含胸以左手心黏乙左手背，往左化去，則乙即不能擠到身上。甲之右手，同時按住乙之右肘，兩手推出，此即為按。乙既被甲按，則將右手隨腰收回，用左手之腕，黏於甲右肘相近之處而往回攦過。乙攦時則甲順勢擠之，而乙即乘其擠勢而掤之，繼復按出，而甲又攦矣。如此周而復始，循環不已。擠時須掤，按時攦時亦須掤。掤之姿勢，如以手捧物，兩臂如圓體之面，使彼力在圓球之面，若球一動，則其力化去，不復能近，掤之義意如此，掤攦擠按四法，二人循環行之。按時擠時坐前腿，掤時攦時坐後腿。前進後退，腰如車輪，而上下相隨。行時尚有換步換手二事，亦當注意。所謂換步者，甲坐左腿而右足進步，乙坐右腿而左足退步；或乙進左步而甲退右步，反其道而行之亦可。換手者，即甲被乙攦時，並不用擠，而反攦回，而乙即乘勢用擠，二人之手法，即變換矣。此蓋求其循環互用，二人可兼行四法也。

（乙）順步推手

所謂順步推手者，即甲乙二人對立，甲之左足在前面，而右足則居於後方，乙則右足在前面，而左足居於後方，步法與合步不同。至於推手之動作，則均與上節所述之各式，完全相同。亦如法將掤攦擠按四種方法，二人循環行之，可以參看，不必復述，換手換步亦均無異。

（丙）活步推手

活步推手之法，二人對立，皆以左足放於前面，而右手相黏。於甲攦乙之時，右步略探起落下，而左足則退於右足之後面，再將右足退至左足之後。乙擠甲時，則將左足略探起落下，右足進至左足之前。再將左足進至右足之前。而甲於向乙掤按擠之時，左足略探起落下，右足進至左足之前，左足再進至右足之前。乙於向甲掤攦之時，右足略探起落下，左足退於右足之後，右足再退於左足之後。乙再向甲掤按擠之時，則其步法與上所述甲之動作同。而甲再向乙掤攦之時，則步法又與上所

述乙之動作同。至於換步換手之法，則參看前節。二人循環練習，各無偏頗。而此活步推手之外，又有所謂大攦者，其法即採挒肘靠之四隅也。練習者所立之位置，甲向南而乙向北，皆將左足放於前面，而右足居後，二人之右腕相黏，乙向甲攦肘時，其右足即邁向西南，成馬步勢，而右手攏注甲腕。左腕黏甲肘時，甲之左足邁向東南，右足即向乙之膛內插進，右手向前鬆勁時，左手扶於右肘彎內，右肩即靠於乙之胸前。乙即以左膊隨腰往下沉，使甲不能靠入，以右手向甲之迎面一閃，此即所謂挒也而甲於此時宜即將右腕接住乙之右腕，右足收至左足處，翻身而將右足邁向東南，用左手攦乙之肘。而乙於此時即將左足前進，而將右足插入甲之膛內，而用肩以靠甲胸。甲宜即含胸用左手採住乙之左手背，左足即由乙右足處挪出，兩手即將其按出。至此乙即用左腕黏住甲之左腕，右足收至近左足處，右手即向甲之左肘處攦去，左足則邁向西北。甲乃更進右足，而左足插入乙之膛內，而用肩靠乙。乙將右膊邁腰下沉，以左手向甲迎面一挒。甲即將左腕接住乙之左腕，左足收至近右足處，翻身而將左足向東北邁去，右手搌乙之肘。乙即進右足，左足向甲膛內插入，用肩靠之。如此則四隅俱全矣。二人往來練習之，周而復始，連絡不斷，此中奧妙，則功夫既深之後，自能領悟也。

太極拳圖說

國幣　角
外埠酌加郵匯費

編著者　金鐵盦
校閱者　李景林
出版者　中西書局
發行人　吳兩江
特約總發行　中西書局總店
上海望平街中市

各省中西書店均有分銷

太極劍圖說

梅盧

國光勃發
王珍題

倚天先生政

武當正宗

虞山楊琴甫題

倚天先生以

太極劍圖說序

四五年前吾邑有太極拳社之創設，先後習之者百數十人。予屢聞其術之善，而因循未能入社。去年秋臥病月餘，病癒而思所以強身卻病之道。同邑金君，倚天社友也，得虞愚范伊輔先生之親授，習太極拳劍者逾年，因與之言欲習其術，會金君應書局之請，成《太極劍圖說》一書，遂索予為序言。予惟劍式出於拳，予未習拳而妄言劍，豈能為役然？熟聞太極拳劍之精義在乎以靜制動，以柔克剛，此則甚合老氏之旨：專氣致柔，物莫能害；而至柔之剛，可以無強不摧，無堅不破；以嬰兒視天下，處女藐強梁者也。劍之制甚古，周秦時亦謂之匕首；太史公刺客列傳詳著；魯勾踐識荊軻之不講於劍術；而猿公越女之奇跡亦著稱於世，蓋既有其器，即有至人神明變化之而盡其用。予故疑內家劍術

當傳自古先哲人，因其精微名貴，不敢妄傳，故得其術者皆在山澤之癯逃名。遁世之士張三丰祖師或傳之，未必即祖師所自創也。太極拳之拿人放人也，已不吃力人，不甚受痛。太極劍之刺人也，專中腕臂，不甚傷殘，其敵夫既無堅不摧矣。而又已不吃力敵不甚傷，豈非至精之技，至仁之術？但以禦侮，不欲陵人者哉。中國之弱極矣。轉弱為強，當自提倡內家武術，始此其義。觀於印度甘地之革命而知之。夫甘地之革命，所謂以靜制動，以柔克剛也。東方民族之特性，武術之內家也，功效所及，使英吉利之朝野上下震駭，惶恐莫知所措，雖巨炮毒彈殺人如麻，而不能止其綿綿不斷，普遍周匝之抵抗，獨立自主之成功，蓋旦暮間耳。中國而欲抵抗列強，則革命方式與其為列寧之硬性，不如學甘地之柔和，於國民性亦實相近焉。故贅其說以俟謀國者得焉。

中華民國二十年一月　常熟夏明志序

太極劍圖說凡例

一、本書著者悉依師授，按段製圖，詳加注說，便於讀者之練習。

一、太極劍原基於太極拳太極。原無方向之可言，且亦不必有方向。今便於初學，權定方向出勢，熟習後即不用方向。

一、太極劍係內家劍，雖如外家劍之有刺擊，而動於靜求因勢而變，後人發先人致，所以每段含上下左右向背收發之妙。

一、練太極劍重於心神氣三者，不尚拙力，故每一出劍，眼神繫之，腰與左手劍訣隨之，太極拳所謂運氣順，用神速，意隨心發，無往不利者是也。

一、本書又以一段分幾動，每動製圖，按圖加以虛線轉側向背，一目了然，無疑右惑左之弊。

一、出式坐腿中有如太極拳者，每段說明下注明如太極拳某某式，使學過太極拳者更易領會。

一、讀本書如未習過太極拳者，亦可依圖練習，因說明中並不因如太極拳某式即以如太極拳某式數字作含混之注，仍依圖列注。所以如某式之注加於說明之末。

一、說明中謂劍平面者即劍口左右向，直面即口上下向。又云腿坐實者即全身重量壓於腿，分左右虛實之意也。

一、力中如攔掃與撥草撥風，獅之搖頭與左右落花，白猿獻果與青龍探爪等，似同而實不然者，則比較說明其含意與功用。

一、撥草撥風，攔掃等之上步四步六步均可；獅子搖頭、左右落花之退步亦可加至四步或六步。

一、劍尖虛線上之↓即上圖劍尖之停處。亦即本圖劍尖之出發處，足下之 即上圖之坐腿處。

太極劍目錄

太極劍圖說

第一段　太極劍起式

第一勢，身向南正立，左手垂直，拇指、中指、無名指、小指握劍把，食指垂貼劍柄，劍平面貼臂後，劍尖朝上，右手下垂（如太極拳之起式），如第一圖。

第一圖　太極劍起式

第二段　三環套月㈠

第一勢，右手捏劍訣，無名指、小指屈於掌心，拇指面按於無名指中節，中、食兩指並直，右手隨腰自後圓轉而上，由耳後向東指出；同時，腰向右下稍鬆，左手握劍起至胸前。左足向東邁一大步，右足尖稍向左搬。左手隨腰，自右向左，過左膝下垂，劍尖向上，劍仍平貼臂後，全身坐實於左足。式如第二圖（出勢與太極拳左摟膝同）。

第二圖　三環套月一

三環套月㈡

第二勢，左足尖稍向外搬，右足上前一小步，足尖點地，仍坐左腿。同時，左手直穿至右手上，手心朝下，劍仍在臂後平貼；右手劍訣翻轉朝上，稍向裏收，即左手在上，右手在下，對合相擦而過。如第三圖（如太極拳上步七星）。

第三圖　三環套月二

三環套月㈢

第三勢，右足尖向外搬，左足上一大步。兩手同時向外分開，往後抄前，各轉一圓圈復合於前，左手將劍渡於右手如第四圖（如太極拳雙風貫耳）。

第四圖　三環套月三

第三段　回頭盼月

第一勢，腰向右鬆，坐右足。右手之執，自左往下往右向上撇，至臂平直為度，虎口朝下，劍成直面，劍尖西指；左手揑劍訣，往右收至胸前西指，目視劍尖。同時，左腿收進，足尖點地，坐實右足。如第五圖（坐腿如太極拳手揮琵琶式）。

第五圖　回頭盼月

第四段　大魁星

第一勢，右手之劍，翻轉仍為直面，即虎口向上，即將劍往左往上東刺，橫至頭頂上，劍仍直面，頭左偏目視劍尖；同時，左手劍訣轉至左肩前，向上直指。右腿直立，左足提起，足尖下沉。如第六圖（坐腿如太極拳右金雞獨立）。

第六圖　大魁星

第五段　燕子抄水

第一勢，右手之劍，向西南砍下，劍尖離地寸許，劍不停，即向左抄起，劍成斜平面，劍尖朝東南；左手劍訣由裏轉至額上。同時，左足落下，向東南邁一大步，腰亦隨腿左轉，坐實左腿。如第七圖（腿式如太極玉女穿梭）。

第七圖　燕子抄水

第六段　左右攔掃㈠

第一勢，右手執劍，往上往北抽轉，腰亦往後稍鬆，右手抽至近左肩時，劍尖轉朝東北。右足向東南邁步坐實，腰亦隨腿右轉，劍即乘勢往東南平砍，眼神隨之。左手劍訣，從右手轉動，距右腕二三寸，此為右攔掃。如第八圖（坐腿式如太極拳玉女穿梭）。

第八圖　左右攔掃一

左右攔掃㈡

第二勢，右手執劍，向南平面抽轉，劍尖轉往西南。左足往東北邁步坐實；同時，劍往東北平砍，眼神追劍尖轉動；左手反腰，隨右手轉動，左手仍距右腕二三寸，此為左攔掃，式如第九圖（如太極拳玉女穿梭之坐腿）。

第九圖　左右攔掃二

第七段　小魁星

第一勢，右手之劍，往左抽轉為直面，劍尖往上往後下向東南挑出，劍尖斜下朝東南。同時，右足亦往東南上一步，坐實；左足上步，足尖點地。左手劍訣，隨轉至前，向上指，腰隨腿轉。如十圖。

第十圖　小魁星

第八段　燕子入巢

第一勢，右手執劍，往下往後圓轉。右足用足尖，亦隨之往左後，轉向西北；左足向西北半步坐實，腰隨腿轉。左手放開托右手，即兩手捧劍，對西北平面刺出。如十一圖（坐腿出式如太極指襠錘）。

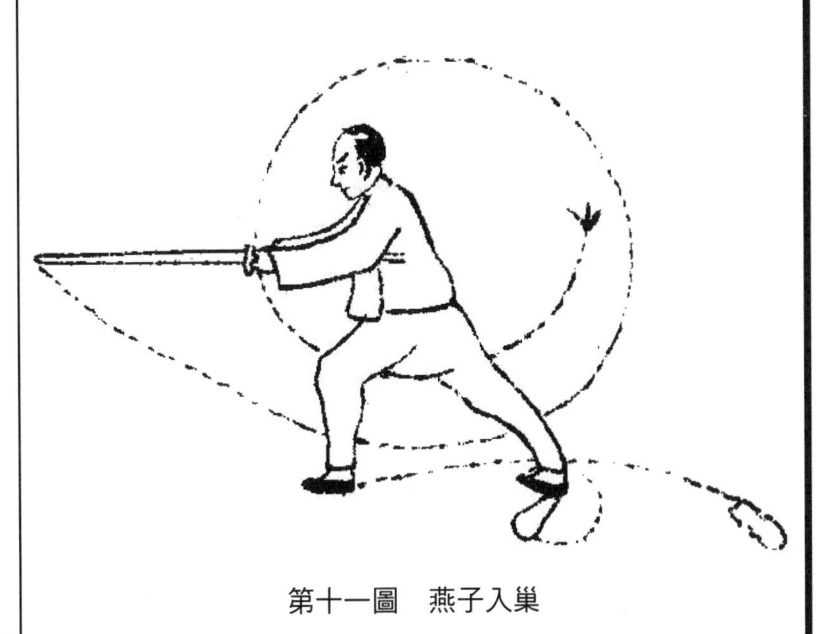

第十一圖　燕子入巢

第九段　靈貓捕鼠

第一勢，雙手托劍，收至胸前，距一二寸。右足提起，足尖下沉，眼神看西北。如十二圖（如太極拳金雞獨立腿式）。

第十二圖　靈貓捕鼠

第十段　蜻蜓點水

第一勢，右足向前一踢，邁一步，騰左足上前，點地一躍，右足又上一步坐實。同時，右手之劍，乘躍勢向西北平面直刺；左手劍訣，亦同時翻至額上，劍刺出後，略收進，又向前一點，眼神繫劍尖，如第十三圖（出勢坐腿如太極拳右扇通臂）。

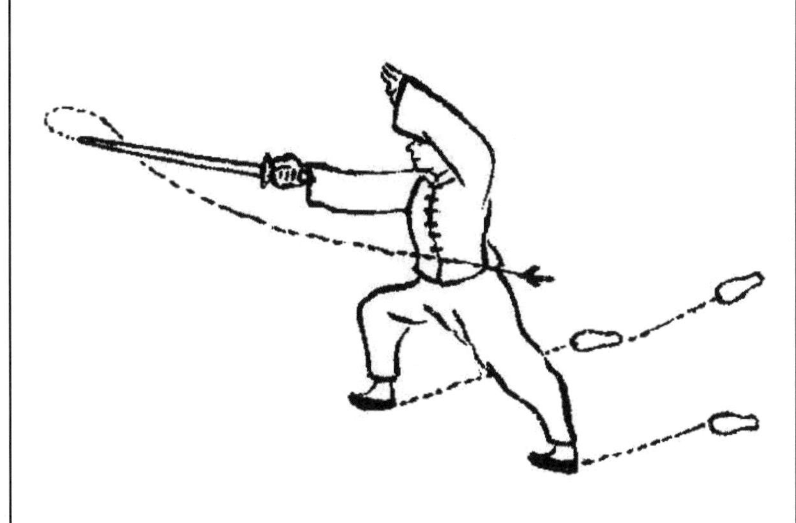

第十三圖　蜻蜓點水

第十一段　黃蜂入洞

第一勢，上段一刺一點，皆平面直刺，係手背在下者，刺後將右手之劍收回翻轉，手背向上，劍仍平面橫於前，尖朝南。同時，右足收進一提，左足一顛，全身乘勢向左旋一轉，仍朝西北，右足落地，左足即朝前上一大步坐實。右手之劍，又翻成平面，手背仍在下，朝前刺出。如十四圖（坐腿如太極拳右扇通臂）。

第十四圖　黃蜂入洞

第十二段　大鵬右展翅

左足尖轉朝東，右足尖轉朝東南，右足坐實，腰隨腿轉。同時，兩手前後分，即右手執劍，轉成直面，由上向下，朝東南一大砍；左手往後展開，掌心朝下，自劍尖，而右臂至左指，成斜角一直線，眼神隨劍尖。如第十五圖（太極拳斜飛出勢坐腿同）。

第十五圖　大鵬右展翅

第十三段　左旋風魁星式

右手執劍，由平面轉為直面，向西北上收，復往下沉，腰隨左足向前轉動，足尖朝南點地。劍同時由下向上劈出，劍尖斜下，朝東南，眼神隨劍尖動定，左手起劍訣向上指，參照第七段小魁星。如十六圖。

第十六圖　左旋風魁星式

第十四段　右旋風等魚式

第一勢，右手執劍，劍尖往下往後翻上，仍為直面。同時，左足往後退一步坐實，右足稍收進，足尖點地。劍尖轉至東南時，即往東南一點，右手劍訣，距右腕二三寸，隨之而轉，亦指東南。腰隨左足退步而轉。如十七圖（如太極拳提手坐腿）。

第十七圖　右旋風等魚式

第十五段　撥草尋蛇㈠

第一勢，右手將劍順勢左抽，腰亦隨左轉，劍漸轉平面，又往右下斜轉，向南砍去。同時，右足往東南，上一大步坐實。劍尖向東，劍與腕平，眼神與腰隨之而轉；左手劍訣，隨右腕轉，距與前同，此右撥出，出勢如右攔掃，惟劍比攔掃為低。如十八圖。

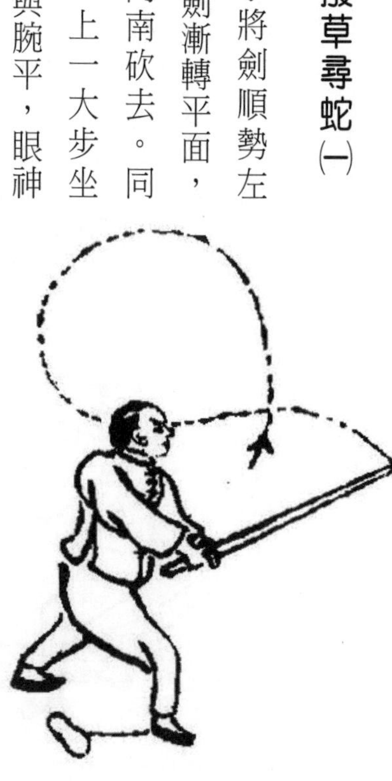

第十八圖　撥草尋蛇

撥草尋蛇㈡

第二勢，右手握劍，往右略收，轉為平面，復向左下沉，望北砍出。同時，左足向東北邁一步，坐實。左手劍訣，仍距右腕二三寸，出

勢與左攔掃同，惟劍下沉，如十九圖。

倚天按：左右攔掃，與撥草尋蛇不同處，惟在出手之劍高低分之。蓋攔掃在敵中盤，撥草尋蛇重下盤，含誘撥之意。如引敵在下盤架格時，我即一收放取敵上盤，一收如十六段之懷中抱月，一放即十七段之宿鳥投林。

又按：太極劍，係因敵變化者，原無如上說之呆板，實每劍之中，皆含量上下左右之妙。太極拳中，所謂有上即有下，有左即有右者，是如上所按，比擬而已。

第十九圖　撥草尋蛇二

第十六段　懷中抱月

第一勢，右手執劍砍出後，砍出時虎口向右握劍一翻，即虎口變向左，劍又朝東一划，劍仍平面；劍又翻轉平面，即劍尖朝東。同時，收至胸前，右足隨勢提起。左手劍訣，手心向外，移上左額，距二三寸，亦如劍尖東指，眼神向東。如二十圖（坐腿如太極拳左金雞獨立）。

第二十圖　懷中抱月

第十七段　宿鳥投林

第一勢，宿鳥投林一劍，十五段中所謂一放也。懷中抱月收進後，右足即仍朝東上一步，踏實直立；左足在後提起，腳尖下垂，足心貼右腿。右手之劍，同時向東上斜刺出；左手劍訣，跟右腕送出，手心仍向外，自劍尖至左肩止，成上斜一直線。如二十一圖。

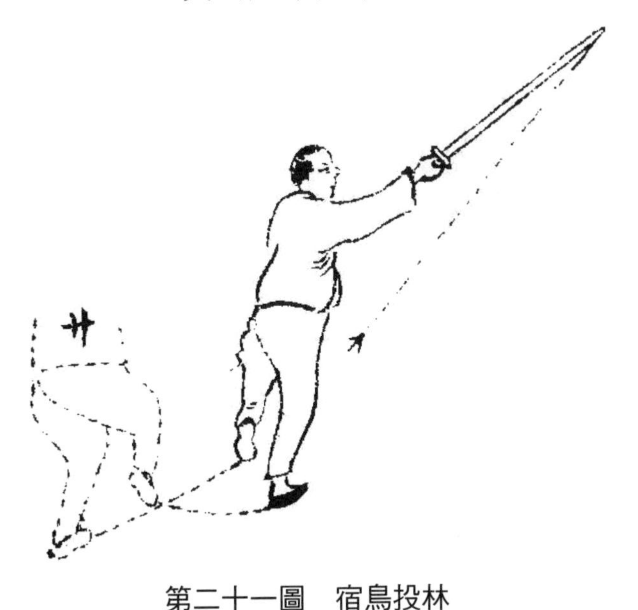

第二十一圖　宿鳥投林

第十八段　烏龍擺尾

第一勢，右足往西，退後一步坐實。同時，右手執劍，隨左足收回，如等魚式，再由平面轉為直面，往右膝旁下劈。右足尖點地，劍尖與足尖距四五寸。左手劍訣，翻至額上，手心向上，眼神下視劍尖，即全身朝東南。如二十二圖（式如太極拳之左晾翅）。

第二十二圖　烏龍擺尾

第十九段　風捲蓮花

第一勢，右足向西南收半步，右手之劍隨右腿退勢，由直面外轉，變為平面，漸向裏裹。左足亦收回半步，左手劍訣收至胸前，手背向外。右足提起，一踢一點；左足朝東北，疾上一步坐實。同時，左手劍訣，翻向額上，劍向東北刺出，眼視劍尖，右左手足腰腿，須同時變同，不可有先後。如二十三圖（如太極拳玉女穿梭）。

第二十三圖　風捲蓮花

獅子搖頭㈢

第三勢，右手執劍，往左下稍沉翻轉，手心朝下，手背朝上，劍仍平面，尖向西南。右足往東北退一步，腰隨之右轉。同時，右手將劍向東北帶抽帶砍劈出，至坐實右腿止；左手跟右腕動，距二三寸，目注劍尖。如二十六圖（坐腿比右倒攆猴稍開）。

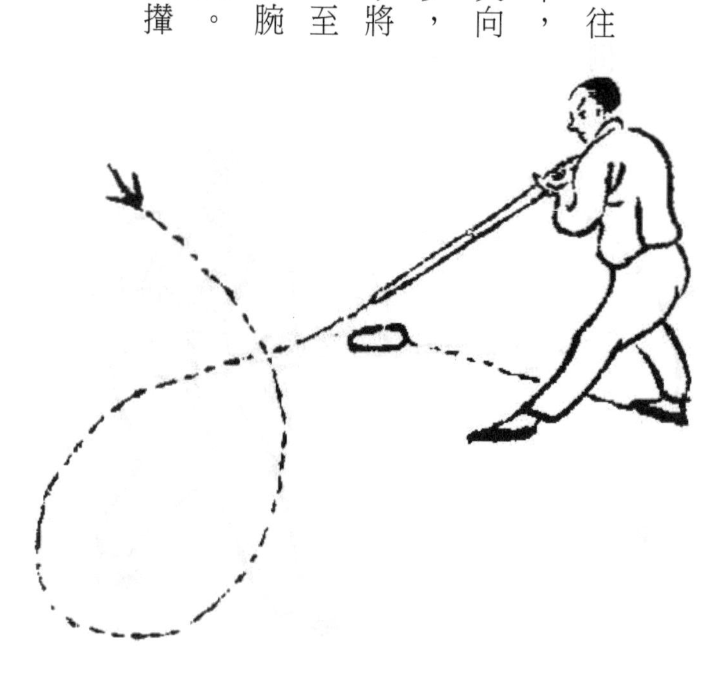

第二十六圖　獅子搖頭三

第二十一段　虎抱頭

第一勢，兩手稍往上，又往左右下撥，復合上，左手心抱右手背，掌皆朝上，劍直面，尖直西指。同時，右足往前半步，足尖點地；左腿坐實，全身朝西。如二十七圖（坐腿如太極拳左晾翅）。

第二十七圖　虎抱頭

第二十二段　野馬跳澗

第一勢，足尖點地之右腿一提，踏實，左腿即上步一躍，右腿又上一步坐實。同時，兩手所捧之劍，向前直刺，劍仍平面，目神注劍尖，全身仍西向。如第二十八圖。

倚天按：此段與靈貓捕鼠上步同，惟野馬跳澗，躍起較高。靈貓捕鼠，單用右手刺出，野馬跳澗之刺，如燕子入巢之雙手捧刺。

第二十八圖　野馬跳澗

第二十三段　轉身勒馬

第一勢，左手放開向左後一蕩；同時，右手執劍一翻，手背朝上，仍為平面，乘左手向後蕩出時，劍在頭上，由左往右轉一圓規。同時，右足尖朝東南一搬，左足跟一捻，足尖轉正直東，腰隨身向左後一翻，亦朝正東。左手俟右手劍至面前時，急復合捧劍，往胸前一收，目注劍尖。右足坐實，右足在前，足尖點地，全身姿勢，如馳馬臨淵之急扣絲繮。如二十九圖（坐腿如太極拳海底針）。

第二十九圖　轉身勒馬

第二十四段　定南針

第一勢，目神向前一看，左足即上前一步，右足亦上半步，與左足並立，全身立直。兩手所捧之劍，又向東送出直刺，劍平面，劍尖至心口成一直線。如三十圖（兩足相併如太極拳出式）。

第三十圖　定南針

第二十五段　迎風撣塵㈠

第一勢，左足往東北上步坐實，右手執劍，收轉仍為平面，手背向下，劍稍豎起，同左足上步時，向北砍出；左手揑劍訣，距右腕二三寸。上步出勢，如左攔掃，惟劍上斜。如三十一圖。

第三十一圖　迎風撣塵一

迎風撣塵(二)

第二勢，右足向東南上步坐。同時，右手之劍，稍向裏收，翻為平面，手背在上，向南砍出，如右攔劍尖斜上向。如三十二圖。

倚天按：撣塵、攔掃、撥草、撥風四段，出勢同，而高低不同。撣塵最高，劍稍豎，在上中盤；撥風平，出劍有沉意，在中下盤；攔掃亦平，出劍亦平砍，在中盤；撥草最低，出劍前蕩後沉，在下盤。學者宜深注意也。

第三十二圖　迎風撣塵二

第二十六段　順水推船

第一勢，右手將砍出後，往裏收進轉為直面。右足往後退一步踏實，左足亦退後提起，足尖朝下。右手之劍，由下往西轉至頭上，眼神隨劍尖而轉，劍仍直面如大魁星；左手劍訣，隨右腕在裏轉動。劍至頭上時，左足向東北邁一大步坐實。同時，劍不停，向東北刺出；左手劍訣，向東北伸出，指正劍尖，眼神亦看劍尖。此勢出手，須劍腿訣神腰同時舞動，不可分先後。如三十三圖（式如太極拳扇通臂）。

第三十三圖　順水推船

第二十七段　流星趕月

第一勢，左足尖捻向南，腰向右後轉正，即朝西，右足向西北邁坐實。右手之劍，仍從頂上抽過，向西北平砍，劍仍直面；左手劍訣向後展直，出勢如大鵬展翅。如三十四圖（如太極拳野馬分鬃）。

第三十四圖　流星趕月

第二十八段　天馬行空

第一勢，右手之劍，往北抽轉，左足往南邁一步，身即朝南，劍不停由後往上向前下砍（即朝南），左手復合右腕上。同時，右足亦上南一步，足尖點地，左足坐實，眼神下視劍尖。如三十五圖（如太極拳晾翅坐腿）。

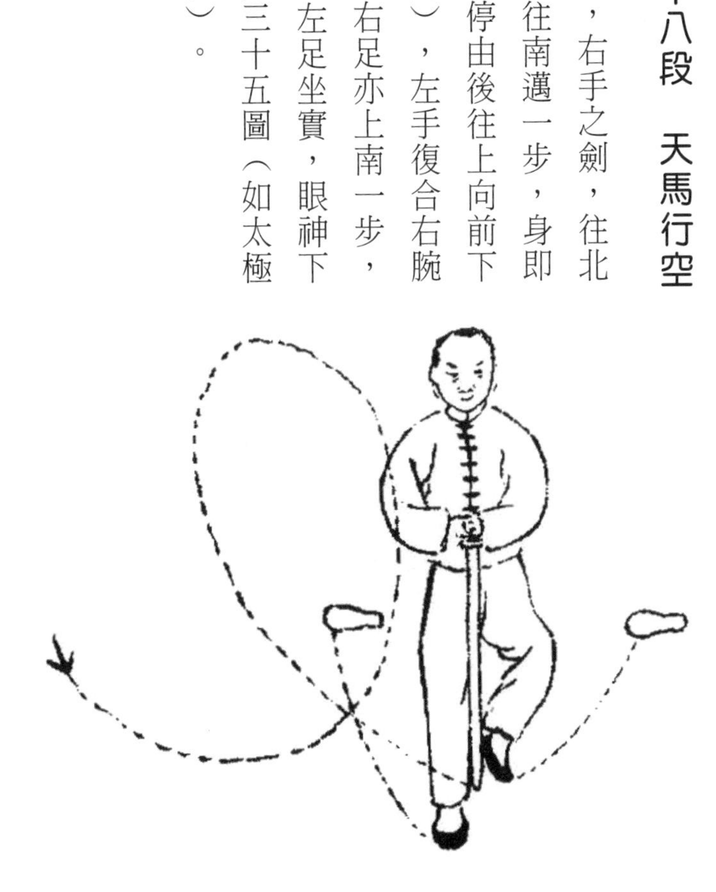

第三十五圖　天馬行空

第二十九段　挑簾式

第一勢，右足提起，足尖轉向西北落下，足根與左足根相對，兩足成八字形。左手將劍折轉，直面向西，腰往右轉；右手之劍，即往西往上挑起，左手仍扶右腕舉起。同時，左足向前提起，足尖下垂。如三十六圖（坐腿如太極拳金雞獨立）。

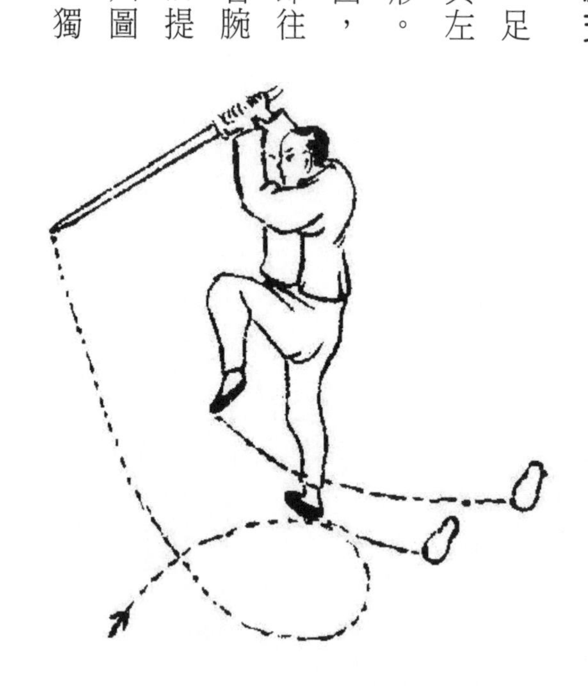

第三十六圖　挑簾式

第三十段　左右車輪劍

第一勢，左足落下，右手之劍，往下向左後抄上，使一大圓規，腰隨之轉動，眼神隨劍尖轉動。右足同時向西上一大步，坐實。劍即由上向西砍下，左手往後展開。出勢坐腿與流星趕月同，惟方向不同耳。如三十七圖。

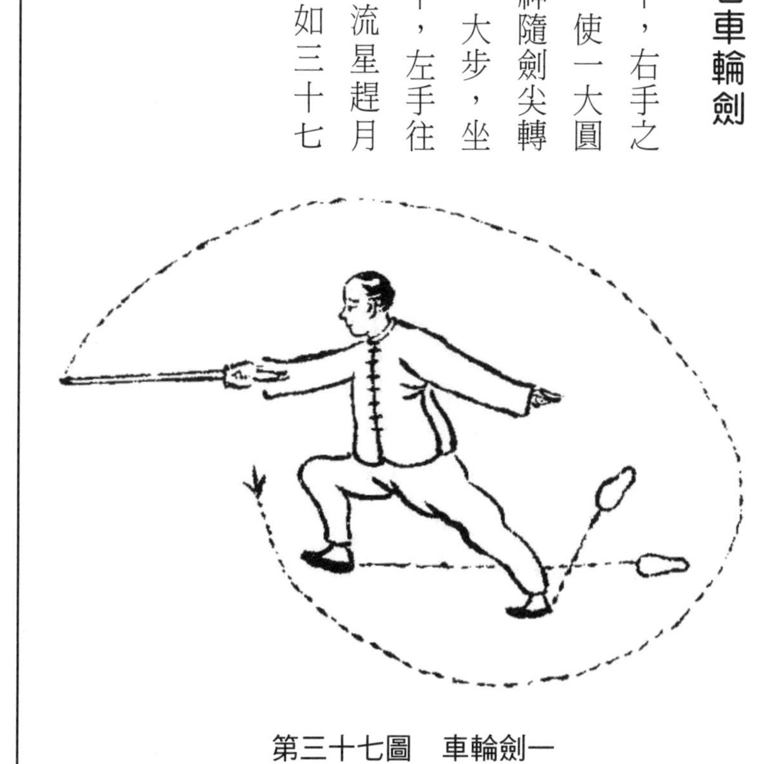

第三十七圖　車輪劍一

車輪劍(二)

第二勢，右手之劍，往下往右後轉上，左手收回。左足又上西一步，劍不停往西砍下；同時，右足又上一步，足尖點地，眼神向西看。式與天馬行空同，而方向不同。如三十八圖。

第三十八圖　車輪劍二

第三十一段　鳳凰單展翅

第一勢，右手之劍，往左稍轉，劍尖轉向東北，手背在下，手心在上，左手隨右手腕上。左足尖捻向北，右足往東北邁一步。右手劍由下往上，向東北平面刺出；左手劍訣，當胸北指，眼神注劍尖。如三十九圖。

第三十九圖　鳳凰單展翅

第三十二段　海底撈月

右手執劍，略往右下沉。左足尖搬向西，右足往西邁一步，坐實。右手劍乘右足上步時，由東北方下沉，往西稍帶上撈，挑向直西，劍成直面（即刃上下向），左手劍訣翻向額上。如四十圖。

第四十圖　海底撈月

第三十三段　懷中抱月

第一勢，右足收進提起，足尖向下。右手之劍，同時往左，收至脇下；左手劍訣，稍左移至左耳旁，西指，眼神注劍尖。式與前懷中抱月同，而方向不同。如四十一圖。

第四十一圖　懷中抱月

第三十四段　夜叉探海

第一勢，右足上前一步，左足收起，足尖下垂。同時，右手之劍，往西下刺；左手劍訣，隨右手而下，距右腕二寸許，眼神隨劍尖往下看。如四十二圖。

第四十二圖　夜叉探海

第三十五段　犀牛望月

第一勢，左足往東，橫跨一步，坐實。左手劍訣，由下往東翻上，轉一圓規，復至胸前，手背向外；右手之劍，在左足跨步，左手使圓規時，收至左肩前，劍成直面，尖西向，右手背在外，劍橫於前，眼神視劍尖。如四十三圖。

第四十三圖　犀牛望月

第三十六段　射雁式

右手握劍抽回至右膝後，即劍尖由右往上，至左至下，使一半圓形，劍直面，尖東下向。左足同時收進半步，足尖點地。左手劍訣，亦同時分開，舉往東指，眼神亦東向。如四十四圖（坐腿如太極拳白鶴晾翅）。

第四十四圖　射雁式

第三十七段　青龍探爪

左足往東南一步，右足亦跟上一步，與左足並立。右手之劍，同時由下往上，直面轉成平面，右手背在下，左手心合劍柄上，即與右手上下對合，向東南斜上刺出。如四十五圖。

倚天按：此劍出勢，與前之定南針，後之白猿獻果同，而進取則殊。定南針出劍平，目的在敵心部；白猿獻果稍斜上，在敵喉，故尖與己喉成平線；青龍探爪更上斜，在敵眼，故與己眼成平線。定南針、白猿獻果，皆兩手左右對捧，青龍探爪，則上下對合。

第四十五圖　青龍探爪

第三十八段　鳳凰雙展翅

第一勢，左足尖稍向西撇，右足往西北邁開一大步，坐實。右手之劍，不翻不轉，乘出步時，順勢向西北削去；左手劍訣，向東南展開，目視劍尖，自東南斜下之左手起，至西北斜上之劍尖止，成一斜直線，與大鵬右展翅同，惟方向不同。如四十六圖。

第四十六圖　鳳凰雙展翅

第三十九段　左右撥風㈠

第一勢左足往南橫邁一步，坐實。右手之劍，即往南砍去，稍下沉，左手扶右腕。如四十七圖。

第四十七圖　左右撥風一

左右撥風㈡

第二勢，右足往北橫邁一步。右手之劍，往左下稍沉，翻手背朝上，尖朝南，劍即往砍出，稍下沉，左手仍扶右腕，眼神看劍尖。如四十八圖。

第四十八圖　左右撥風二

第四十段　射雕手

第一勢，左足收上半步，右手之劍，收轉成直面，右足又上前半步，足尖點地；同時，劍向右膝外下劈，左手捏劍訣翻上，向西北下指，劍尖如射雁式，惟左手下指。如四十九圖。

第四十九圖　射雕手

第四十一段　白猿獻果

第一勢，左足往正西上一步，右足隨上，與左足並立。右手之劍，同時翻成平面，收至胸前，手心向上，左手心扶右手背，劍不停，斜上西刺，斜徑比青龍探爪稍低，較指南針上斜。如五十圖。

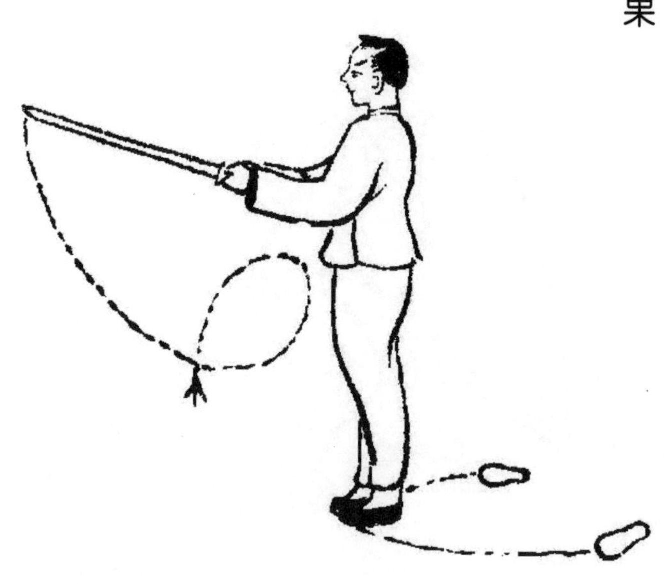

第五十圖　白猿獻果

第四十二段　左右落花㈠

第一勢，左足往東南退後一步，坐實。同時，左手翻上，按右腕，將劍向左後抽砍，目神看劍尖，此謂左落花，退步如獅子搖頭，惟步大，身亦矮，劍更下沉。如五十一圖。

第五十一圖　左右落花一

左右落花㈡

第二勢，右手執劍，由左翻轉，手心向上者，翻為向下。右足往東北退一大步。劍不停，隨右足向北往右後砍，左手仍扶右腕，目神視劍尖，為右落花，退步亦大，劍亦沉下。如五十二圖。

第五十二圖　左右落花二

第四十三段　玉女穿梭

第一勢，左手向左上往下，旋一圓規。右足尖向南轉坐實，腰亦隨之左轉，身朝南，兩手合成捧劍在前，劍仍平面向南下刺。如五十三圖。

第五十三圖　玉女穿梭

第四十四段　白虎攔尾

第一勢，左足尖轉裏向西，腰右轉朝西；右足上西北平步，右足坐實。將劍由南往北平面削去，轉至北時，劍往上轉，使劍尖向上直立，仍平面，左手捏劍在胸前。如五十四圖。

第五十四圖　白虎攔尾

第四十五段　鯉魚跳龍門

第一勢，兩手復合，如虎抱頭。右足向西上一步，一顛，左足上步一騰，右足再上前一步坐實。雙手乘右足坐實時，捧劍刺出，上步如野馬跳澗。參看五十五圖。

第五十五圖　鯉魚跳龍門

第四十六段　烏龍絞柱㈠

第一勢，左足尖轉向直南。右手劍由平面轉為直面，同時腰左轉，劍即由西往上，向東砍下，目視劍尖，劍訣貼胸。如五十六圖。

第五十六圖　烏龍絞柱一

烏龍絞柱㈡

第二勢，劍不停，由東下往西上撩。右足同時一提，向西北坐實，左足尖轉朝西。劍不停，由西往上向東下砍，腰亦同時右轉朝北。如五十七圖。眼神與劍訣同前。

第五十七圖　烏龍絞柱二

烏龍絞柱㈢

第三勢，劍由東下抄往西，轉至胸前，劍成平面，兩手捧劍，向裏稍收。左足提起往西進一步，右足又上西一大步，坐實，劍隨右足坐實時刺出，左手捏劍訣，翻在額上。如五十八圖。

第五十八圖　烏龍絞柱三

第四十七段　仙人指路

左足提起往東，邁步坐實。右手之劍，同時轉為直面，即手背朝下，向左平抽，腰亦左轉，右手劍抽至左肩前，往下沉，使劍尖上挑，平面直立左肩前；左手劍訣，伏右脇前，眼神南視。如五十九圖（如太極拳抎手坐腿）。

第五十九圖　仙人指路

第四十八段　風掃梅花牙笏式

第一勢，右手直立之劍，復轉平面，手心向下，劍尖朝東，劍橫於左臂外；左手心向外，扶右手肘裏。腰右轉，右足踏實，左足一提，右足一顛，全身順勢，向右後轉一圓規，全身轉朝至南時，左足落地坐實，右足提起往前點起。兩手分而復合，劍平面，如捧牙笏。如六十圖。

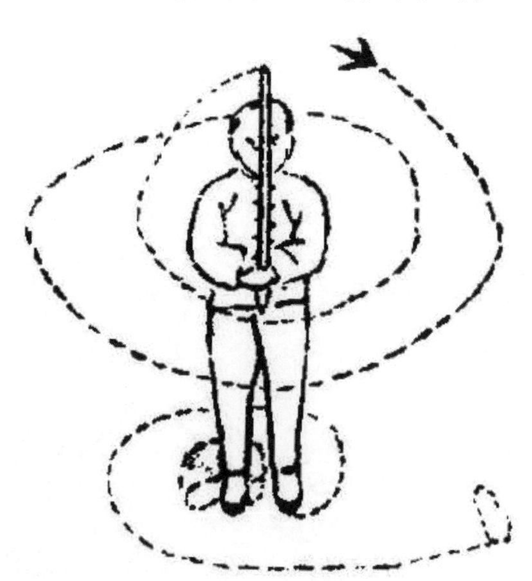

第六十圖　風掃梅花牙笏式

第四十九段　指南針抱劍歸原

第一勢，右足前進，兩手捧劍，朝南平刺；同時左足上前，與右足並立，如定南針。右手劍仍還右手，左手大指食指朝下，餘三指握劍柄，手心向外，劍平面貼臂前直立，左右手各一翻，劍轉至臂後，如起式歸原。如六十一圖。

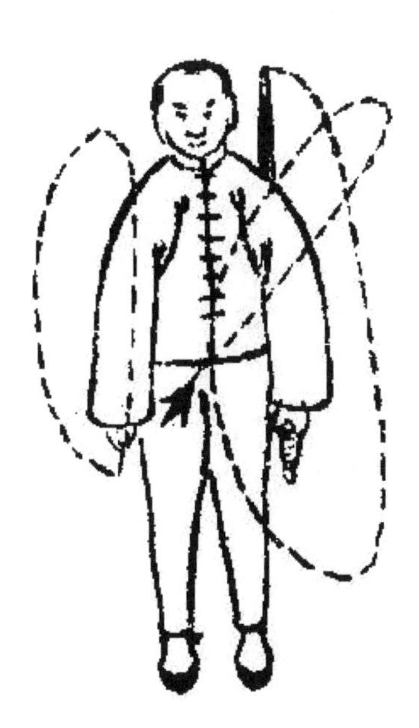

第六十一圖　指南針抱劍歸原

敬題

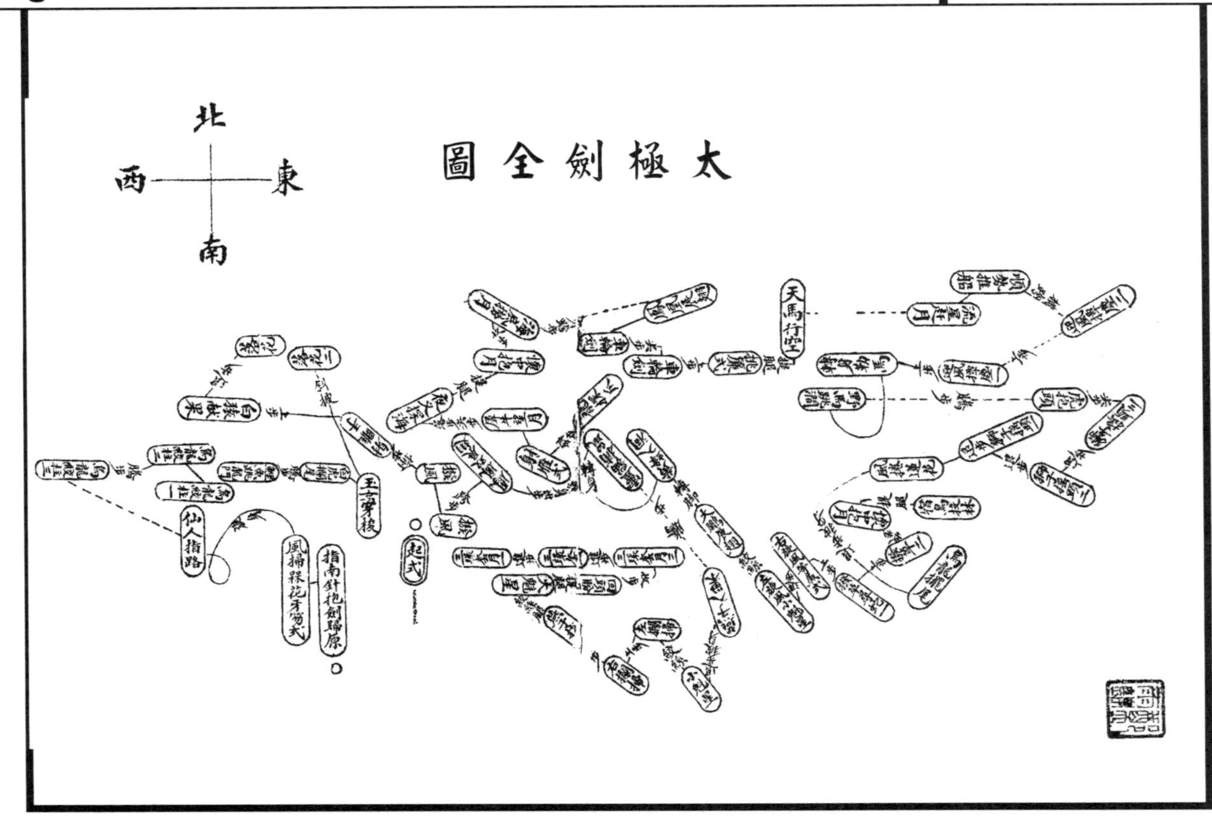
太極劍全圖
北
東
南
西
虎抱頭
順勢推船
流星赶月
野馬跳澗
天馬行空
挑簾式
車輪劍
懷中抱月
白猿獻果
大魁星

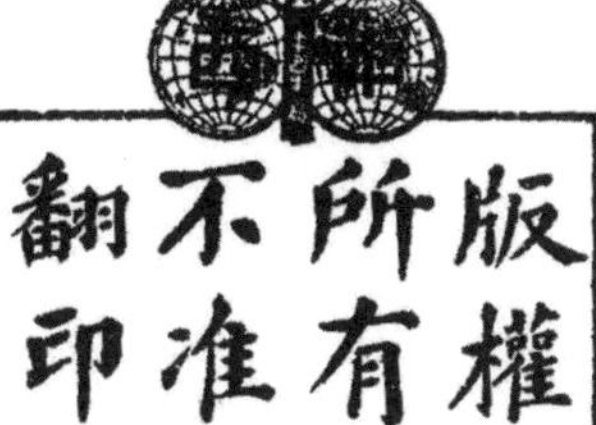

全一冊

太極劍圖說

定價大洋[illegible]兩斗米价

虎邨金倚天先生編

藏版者　墨井書屋

出版者　武俠社

印刷者　上海中西書局

總發行所　上海望平街中西書局

各省中西書店均有分售

台灣分經理處（嘉義）新市場蘭記書局

國家圖書館出版品預行編目資料

太極拳圖說・太極劍圖說 / 金鐵盦　金倚天　著
——初版，——臺北市，大展，2011〔民 100.01〕
面；21 公分 ——（老拳譜新編；6）
ISBN　978-957-468-789-3（平裝）
1. 太極拳　2. 劍術
528.972　　99022039

太極拳圖說・太極劍圖說

著　　者／金鐵盦　　金倚天
責任編輯／王躍平
發 行 人／蔡森明
出 版 者／大展出版社有限公司
社　　址／台北市北投區（石牌）致遠一路 2 段 12 巷 1 號
電　　話／（02）28236031・28236033・28233123
傳　　真／（02）28272069
郵政劃撥／01669551
網　　址／www.dah-jaan.com.tw
E-mail ／service@dah-jaan.com.tw
登 記 證／局版臺業字第 2171 號
承 印 者／傳興印刷有限公司
裝　　訂／建鑫裝訂有限公司
排 版 者／弘益電腦排版有限公司
授 權 者／山西科學技術出版社
初版 1 刷／2011 年（民 100 年）1 月

定　價／200 元

大展好書　好書大展
品嘗好書　冠群可期